# 最是人间留不住

林菁／著

历史深处26位奇女子的美丽与哀愁

民主与建设出版社

Democracy & Construction Publishing House

© 民主与建设出版社，2020

**图书在版编目（CIP）数据**

最是人间留不住 / 林菁著. -- 北京：民主与建设
出版社，2016.1（2020.12重印）

ISBN 978-7-5139-1024-8

Ⅰ.①最… Ⅱ.①林… Ⅲ.女性—名人—生平事迹
—中国—古代 Ⅳ.①K828.5

中国版本图书馆CIP数据核字(2016)第031919号

**最是人间留不住**

ZUI SHI RENJIAN LIU BU ZHU

| | | |
|---|---|---|
| 著　　者 | 林　菁 | |
| 责任编辑 | 李保华 | |
| 封面设计 | 曹　敏 | |
| 出版发行 | 民主与建设出版社有限责任公司 | |
| 电　　话 | (010)59417747　59419778 | |
| 社　　址 | 北京市海淀区西三环中路10号望海楼E座7层 | |
| 邮　　编 | 100142 | |
| 印　　刷 | 北京柯蓝博泰印务有限公司 | |
| 版　　次 | 2016年5月第1版 | |
| 印　　次 | 2020年12月第11次印刷 | |
| 开　　本 | 880毫米×1280毫米　　1 /32 | |
| 印　　张 | 8.75 | |
| 字　　数 | 120千字 | |
| 书　　号 | ISBN 978-7-5139-1024-8 | |
| 定　　价 | 36.00元 | |

注：如有印、装质量问题，请与出版社联系。

# 序

　　拣定安宁或沉静的一隅，焚上一炉沉香，暗香袅袅里静睇着那炉上斑驳，借此窥得一点长眠在岁月中的过往。在幽香细细中我们还窥得见那些岁月里的女人们。

　　她们鲜活在时光里，庄妍靓致，风雅超群。她们或倚楼独望，或长风吟诗。她们飘扬的衣袂化作了时代的旌旗。她们像岁月里的浮光锦，不沾染一丝世俗污淖，留给我们的都是皓月般完美的倩影。世代的笔墨已经将她们的故事渲染得锦绣如斯，而历史仍旧让我们从只言片语中感受到现实的粗粝。

　　当我们翻阅起陈年往事，会发现那些不为外人所道、见之处往往更靠近生活的真相。

像谢道韫，像阴丽华，像长孙皇后。她们出身官宦鸿儒之家，是诗文史鉴里的望门闺秀。她们有林下之风，有洒然傲骨。她们拥有令人艳羡的姻缘。殊不知在她们看似平静无虞的人生中，也曾为婚变而伤怀，为人生的惊变而哀怆。她们是史书工笔、逸闻野史最愿意宣扬的传奇，而我更愿意怀着一腔的敬意，利用文字来展现她们惊逢人生坎坷和波折、面对生活的残酷和无奈依旧保持着坐看云起时的从容和豁达。

　　她们之中也不乏时运不济者，或远发蛮夷，或流放于战乱荒野，像王昭君，像蔡文姬，像薛涛。命运断送了她们原本平安喜乐的人生，而她们经过了人生的岔路口，却活出了自己的一片天空。不论身处哪一种境遇，她们都不曾犹疑茫然。边塞之地、不毛之野的风沙沧桑了她们的容颜，却丰沛了她们的灵魂。她们利用苦难书就了难以泯灭的辉煌，她们的诗或歌是真正的风之雅颂，为我们勾勒下一个时代或王朝的背影。使我们有幸在浩淼的历史背后，可以一同赏见她们千年之后依旧娴静安然的侧影。

也许我们无法一一感知她们在离乱或男权的桎梏之下叫天不应叫地不灵的无助，却不能不为她们的执着和坚韧而感动。身居太平岁月，我们之中的大多数都更致力于也更关心如何成为一个强大的女人。当时光回转千年，我们蓦然发现，原来早有那样的一群女人，在对女人而言最为严苛的男权社会的背景之下，利用她们卓越的才情坦然而坚定地证实了什么叫巾帼不让须眉，甚至令同时代的男人们作为她们身后的底纹和暗影出现。她们扬名青史，成为女人们的骄傲。记载她们的笔锋却都显得尤为宏大，她们是武则天，是钟无艳，是上官婉儿。

　　还有一群女人，她们的智慧运用在更平实的生活里，她们也曾遭遇和今天的我们同样棘手的难题，也陷入过和我们相似的两难境地。但她们更善于巧妙地修剪掉生活中突兀而出的旁枝，富有真正的勇气，一往无前地支撑与维系一个家庭的稳固和安定。如李清照，如顾太清，如卓文君，如卫子夫，正是她们将传奇回归到平凡琐碎中来，却又令我们不禁为她们传达给我们的生活哲学会心一笑。

同为女子，当我以笔触与她们相接，真切地感受到她们超脱于时代之外的不朽。穿越千年的时光，她们以笃定、从容、睿智和大爱为我们展示了优雅和美好的真正意义，她们言传身教给我们如何做一个生活中优雅沉着的强者而不是冷清无味、表情悲壮的所谓"女强人"。

　　她们就像是摆在我们心中的一面镜子，读懂了她们也便读懂了我们自己。当生活的百折千回令我们筋疲力尽，不妨回过头来看一看这些明媚在历史长河中的女子，她们的人生轨迹像是经过时光锤炼的寓言，在低迷时予以我们最贴心的安慰，于迷惘中给予我们以当头棒喝。敞开心怀与她们做一次远隔千年的交流，每一个人都会收获不同的自己。

# 目　录

　　所谓传奇，拨开后人一厢情愿填补的浓墨重彩，真正的生活，往往略显苍白刺眼。构成了传奇的男男女女，大多有着不愿意轻易示人的无奈和伤痛。

　　容貌并不能决定内心的才识，而才识却能弥补容貌的不足。她从不哗众取宠，靠才识和谋略击溃了世俗美丑的陋见，靠自己高尚的情操和卓越的能力展现了独具的个人魅力。

高情商的女人善于将爱情和生活都装点得参差百态、花团锦簇：以温情而恰到好处的嫉妒，表明对他的爱和重视；用适时的撒娇和任性，来增加爱情的甜蜜……

有人遵循着命运的安排，从起点到终点走完既定的路程既为一场胜利。而有更多的人，不愿意遵循命运的安排，他们的路途上要么变贫瘠为繁茂，要么予苍凉与繁荣。

她拿得了自己的大主意，面对婚姻的红灯不慌不乱，有条不紊地打理着自己的心绪，不卑不亢地让丈夫自觉回到自己身边。能将婚姻经营得井井有条的女人，自有一份大智慧！

生活像一条河流，将一颗心划作两岸，左岸是花开花落、风轻云淡的舍予，右岸是喜怒嗔痴、患得患失的索求，中间流淌的是无尽的欲念和渴望。

其实在婚姻中，女人的情商远比智商重要，智商决定了女人的属性，而情商决定了女人的命运。懂得一张一弛的道理，才能将自己的一生打理得顺风顺水。

生同寝，死同椁。她与他，是王朝缔造的同盟和伙伴。他于她不是君王，而是死生相守的丈夫；她于他不仅是嫔妃，也是全心全意相爱的妻子。在爱情和上帝面前，他们的灵魂始终平等。

造物主总是把高贵的灵魂放在卑微的身体里，就像我们喜欢把家里最宝贵的东西放在最不起眼的地方一样。在生命之初，我们对这个世界没有选择的权力，但这并不妨碍我们在生命最低潮的时候依然保持着不卑不亢的优雅。

做一时的贤妻良母容易，做一辈子的却很难。如何在婚姻中做一名合格的妻子？远隔着数千年的时空，长孙皇后身体力行为千百年来所有的女人上了一堂公开课。

从女人到女强人的路有多远？首先要有一颗强大的内心，有一份时刻期冀的梦想，有一份足以支撑自己的事业，还有可以依赖的家庭和情感。女人的一生仿佛一块七巧板交错纵横，呈现出不同的色彩。而最瑰丽的色彩，必定生发于自己。

这世间总有女子活得很努力，为工作、为爱情。然而有的姑娘用着合适的力气活得刚刚好，而有些姑娘不是用力过猛就是力道不足，活得总让人觉得有那么点儿悲壮。

面对人生的窘境，你是选择迎战打败它，还是选择退缩被它打败？每个人都有从逆境中逆袭的主动权，这些逆境，也许来自出身，也许来自婚姻……是庸碌一生留下悲叹，还是善加利用凤凰涅槃，在于你如何把握自己。

女人的一生就是不断经历、不断沉淀的过程。穿越过荆棘却依旧温暖，激流勇进仍淡定从容。譬如薛涛，追随韦皋时时刻刻保持着初心和风骨；邂逅元稹也不曾迷失自己，像一颗历久弥新的珍珠，即便千百年后面目模糊，却仍旧为世间留一抹莹润的余辉。

恒久的爱情和稳固的婚姻是人生中
尤为重要的良性资产。而经营这一资产
不仅仅需要契合的精神交流、相同的兴
趣爱好，更需要的是，两人平等的灵魂
和地位，并为社会关系所认同和祝福。

爱情，于普通人是一件奢侈品，摆
在玻璃橱窗里展览，可以憧憬，但未必
要据为己有。生活中还有一些更实际的
东西值得我们去付出，亲情、友情、家
庭、事业，甚至一个可以愉悦身心的爱
好。这些看得见摸得着的东西，往往比
爱情更重要。

最美丽的花朵往往开得出自己的姿
态，她不为了迎合谁，将自己打造得失
却了本真；也不为了将就谁，而跌落高
高的枝头，断绝了漫漫的人生长路。

或许现实已天崩地裂，人生已满目疮痍。能够适时地选择一个现世安稳的归宿，守候着一个一头白发却相知相惜的他，共同欣赏一场落日、晚霞最后的恢弘和壮丽，又何尝不是一种幸福？

寇白门是女侠仗剑执盾，为了自己在人间厮杀出一条血路。她的成功，在于她超然于与当时女性的清醒和果敢，令她敢于挣脱宿命的束缚，在命运里当一个弄潮儿。

重要的不是你所处的环境，而是你的内心是否清明，你的初心是否仍旧不可动摇。如果我们改变不了世界，那么要改变的就只能是自己的心境。从心底生发出强大从容到令恶作剧的上帝都畏惧的力量！

# 西施：世间本无传奇

所谓传奇，拨开后人一厢情愿填补的浓墨重彩，真正的生活，往往略显苍白刺眼。构成了传奇的男男女女，大多有着不愿意轻易示人的无奈和伤痛。

读张爱玲的《倾城之恋》，白流苏依偎在范柳原的身边，漫天的硝烟已然迷蒙了她娇怯的面容和眸光。终究是含了一把泪，对同样风尘仆仆的范柳原说了那句著名的情话："你死了，我的这场戏就结束了，我死了，你的戏才刚刚开始。"

香港浅水湾漫天的轰炸抵不过流苏的一句实话惊心动魄。这世间的传奇都隐藏着不为人知的话外音。

譬如，白流苏与范柳原，譬如，西施与范蠡。

西施遇到范蠡那一年，越国和吴国刚刚结束了一场混战，越国大败于夫椒，勾践仅以五千兵退守于会稽。所幸身边还余下一群谋臣，大夫文种献计：

"一曰尊天地，事鬼神；二曰重财帛，以遗其君；三曰贵籴粟缟，以空其邦；四曰遗之美好，以为劳其志；五曰遗之巧匠，使起宫室高台，尽其财，疲其力；六曰遗其谀臣，使之易伐；七曰强其谏臣，使之自杀；八曰邦家富而备器；九曰坚厉甲兵，以承其弊。"

第一是尊天地，事鬼神，令越王有必胜之心；

第二是赠送吴王大量财币，既使他习于奢侈，又去其防越之意；

第三是先向吴国借粮，再以蒸过的大谷归还，发给农民当谷种，致使吴国大饥；

第四是赠送美女，使吴王迷恋美色，不理政事；

第五是赠送巧匠，引诱吴王大起宫室高台，耗其财力民力；

第六是贿赂吴王左右的奸臣，使之败坏朝政；

第七是离间吴王的忠臣，终于迫得伍子胥自杀；

第八是积蓄粮草，充实国家财力；

第九是铸造武器，训练士卒，待机攻吴。


于是便有了西施，从浣沙溪畔，遇到了奉命搜寻美女的范蠡。


古往今来，为了利益以美人相易的故事不少，妹喜、褒姒、貂蝉、妲己，却无一不被"祸水"二字冠顶。其实能被美人迷惑的，本身便透着昏聩，将男人好色的劣根性导致的祸国殃民全然灌注在一个女人身上当然不公平。

然而这样的不公平，若是在前面加上不得已做定语，不公平就成了不得已必须要付出的代价，人们就会一脸了然的神色，心里还不由得暗暗腹诽。谁叫你选了这条路呢，纯粹自找。


西施貌美，有史说她"增半分嫌腴，减半分则瘦"，"浣纱于水上，鱼为之沉"。成语说"沉鱼落雁"，就是以西施而起。红楼梦说林黛玉"病如西子胜三分"，写出了西子捧心病美人的娇弱不胜之态，为邻女所仿，于是有了东施效颦的典故。

可是除了美貌，她当真是一贫如洗。

细细数起来，家世、阅历、艺术、修养这些女神必备配置她都不具备。她只是貌美附带着年轻，离通往女神的道路有十万八千里远。充其量，她只能算是个美女。

不过范蠡寻求的是一场交易，你交付美貌和自由，我给予你权势和物质。真是再公平合适不过了。

在那个战火纷飞的年代，连平安都保证不了，自由，未免有点奢谈。于是，不必太多的权衡，西施就答应了这场交易。

达成契约后，范蠡将她交给了文种，通过文种将她带回会稽。一切都紧锣密鼓地进行着，越王、文种、范蠡马不停蹄地为她制订潜伏计划。教以她歌舞、步履、礼仪，整整三年，将她由乡野村姑打造成了一位绝世佳人——体态婀娜，才艺出众，处事得宜，姿态风流。

她具备了所有女神应该具备的硬件条件，此外只需要再给她配备一副忠君爱国的心肠便足够了。

这个艰巨的任务，我想越王和文种都想起了范蠡。

和一个乡野女子谈复国似乎太过于一厢情愿，而爱情在这样的时候就会成为打动女人的利器。就像谍战片里的女主角不惜为恋人挺而走险，刺杀敌人，范蠡和西施，不过是将这一场谍战风云，推前了数千年。

　　三年的精心准备，无论是硬件还是软件，都已配备齐全的西施踏上了越国的统治者们为她既定的征途。
　　也算不枉费这三年的精心筹谋，吴王夫差很快便对西施迷恋不已。文种的妙计一环扣着一环，以吴王的迷恋为推动，后面的计划才如期被实现。

　　夫差为了西施在姑苏建造了华丽浩大的春宵宫，又为西施建造了表演歌舞和欢宴的馆娃阁、灵馆。西施擅长跳"响屐舞"，这大概算是踢踏舞的前身，夫差又专门用数以百计的大缸，上铺木板为她筑"响屐廊"，而建造的能工巧匠都出自越王勾践的举荐。
　　遗之巧匠，使起宫室高台，尽其财，疲其力。

　　西施的美貌加速了文种计谋的实施，吴王与她泛舟、共舞、游宴、赏乐、骑猎。她悉心经营着她的美，在春宵宫，在馆娃阁，在响屐廊。西施穿木屐起舞，裙系小铃，铃声和大缸的回响声，"铮铮嗒嗒"交织在一起，仿佛奏响了吴国灭亡的哀音。

她与越国里应外合，向吴王推荐为越国钱银收买的佞臣太宰嚭。收受了勾践重金贿赂的他为越王求情："越王已经服服帖帖地当了臣子，如果赦免了他，将对我国有利。"吴王答应了赦免勾践，为其日后的复仇争取到了充足的时间。

遗其谀臣，使之易伐。


在越国攻打吴国之际，她在夫差耳边说："伍子胥，他是楚国人，却攻打楚国，还把故主楚平王从坟墓里挖出来，鞭尸三百，这是何等残忍毒辣的人，您重用这样的人在身边，不觉得危险吗？他要灭越，我就是越国人，您要听他的，就先杀了我吧。"

美人这样梨花带雨地撒着娇，不管什么样的男人都经受不了这样的考验吧？进而成功地从吴王身边剔除了伍子胥带给越国的潜在危险。

强其谏臣，使之自杀。


吴王夫差无暇再顾及下发给百姓的谷种，是否能结出沉甸甸饱满的稻穗。他曾经厉兵秣马组织起来的军队，是否能抵御外敌的入侵。他的朝堂政权，是否已经以金钱相易被越国占据了半壁江山。

美貌是一种利器，奥地利皇后伊丽莎白利用美貌帮助丈夫征服了匈牙利。西子的如花容颜成了这场庞大而周密的阴谋之中，最为重头也是最为得力的一环。

终于到了她功成身退的时候。公元前 473 年，越王起兵，灭掉了吴国。一朝山河破碎的夫差如梦方醒，对想流放他的勾践说："我老了，不能再侍奉越王。我后悔不听子胥之言，让自己陷到这个地步。"而后拔剑自刎而死。

夫差的死，宣告了吴国的彻底灭亡。越王重新称霸于春秋。而西施也终于完成了她的历史使命，可以解下一身国恨家仇，然而，返归故土就真的是一方好归宿吗？

我曾看过一篇文章，对完美完成任务的西施的最终结局进行了 N 种假设。其中一种说，从吴国归来的西施，已经孕育着夫差的子嗣。光荣返回故土的女英雄，一下子陷入了尴尬的境地。她们谴责她的"水性杨花"，称她的孩子为"余孽"。因此有人建议打掉那个孩子，以免为来日留下祸患。有人主张将西施沉湖。只有少数人选择维护西施，而这少数人的声音又被自动忽略了。

不可否认，西施在吴国首都姑苏的生活可能是她一生中最优逸、最受宠、最高贵的时光。她心心念念要加害的人，反而

给了她最深切的爱，像易先生与王佳芝。即便爱上了也不足为
奇。

最终西施被诱骗到湖心，被推至湖中溺水身亡。


另一种说法是，归国后的西施风采容貌不减当年。为勾践
收为嫔妃，加以厚爱。西施的受宠引起越王后的不满，趁着越
王外出未归，歹毒的越王后将她周身挂满了石头，然后推入江
中，令其溺水自尽。

返归，便意味着上述 N 种假设中出现一种来决定自己的
宿命。与其交由旁人，不如交给自己。


世事艰难如斯，像当年的白流苏，即便是在自己的家里也
没有一分容身之地。她若不是与徐太太南行，便要被家人送回
已经离了婚的前夫家中去，为已经亡故的前夫做一辈子的未亡
人。如果是我，也会选择一跑了之。


如果不能好生地活，逃与不逃又有什么区别？

越王勾践称霸春秋诸国之后，欲封范蠡为上将军，被他婉
拒。范蠡早看出勾践并非善类，便致信文种，"飞鸟尽，良弓
藏；狡兔死，走狗烹。越王为人长颈鸟喙，可与共患难，不可
与共乐，子何不去？"之后收拾了细软金银，逃出越王的掌控，

隐姓埋名，浪迹天涯。

　　文种接到信后并不全然相信，没有如范蠡所言，而是选择避朝在家。然而该来的还是来了，勾践赐属镂之剑，以七策未尽为由，命他自尽。

　　而此时范蠡早已远离了吴越是非之地，勾践即便有心处死范蠡，然鞭长莫及只好放弃，任由范蠡逍遥了岁月，快意了人生。


　　传说，西施在夫差死后并没有回到越国，而是与心上人范蠡不知所终。范蠡化名为鸱夷子皮，自号陶朱公，西出姑苏，泛一叶扁舟于五湖之中，遨游于七十二峰之间，期间三次经商成巨富。得以与心上人最终长相厮守，泛舟湖上，西施算得上是四大美女中归宿最为幸福的。

　　可看似动人的传奇，却往往隐藏着不可明说的真相。看似有情人终成眷属的一场厮守，不过是范蠡明哲保身的一条退路。而于西施，江山以女子易，于勾践更是莫大的耻辱。前行的路已经过于坎坷艰险，不如给自己一条退路，相守，成了聊以慰藉的相伴。爱情，于是成了这段说不清道不明的传奇最美丽的面纱。

　　如果没有勾践，或许也不会有这段泛舟太湖的逸史。


　　诚如《倾城之恋》所言，如果香江依旧，如果旧城仍在，如果白流苏依然是白流苏，范柳原也仍旧是范柳原。那么，究竟还会不会有这倾城等待后的倾城之恋？当炮弹轰炸开白流苏的屋顶，贸然暴露在头顶的一片天，惊慌了她的半个世界。那时候，唯有范柳原，他风尘仆仆的大衣，才可以包裹住这场猝然来临的战争带给流苏的无尽恐惧。

仿佛这人世间所有不对称的相守都带了几分传奇的色彩。而传奇就好像硬币的两面，一面雕花镂刻也好，气壮山河也好，总有另一面替它揭开本来的价值。

所以姑娘们，传奇就像是现实的黑童话，讲给我们听的是最虚幻的，而虚幻过后急转直下的情节，可能跌宕得令人不忍蹙观。

所谓传奇，拨开后人一厢情愿填补的浓墨重彩，真正的生活，往往略显苍白刺眼。构成了传奇的男男女女，大多有着不愿意轻易示人的无奈和伤痛。

生活本身也可以是一场传奇，纵然没有瑰丽可寻，却踏实落定在脚下的土地上。我们要追寻的从不是生活被赋予的那一层不真实的光环。而是剥离光环后，如何能够矢志不渝地坚持和努力，活出自己的精彩。

# 钟无艳：才识与容貌的 PK 赛

容貌并不能决定内心的才识，而才识却能弥补容貌的不足。她从不哗众取宠，靠才识和谋略击溃了世俗美丑的陋见，靠自己高尚的情操和卓越的能力展现了独具的个人魅力。

还记得唐浚在《男人帮》里劈头盖脸地说："终其一生，我们的人生充满了各种选择。而这中间，对男人来说最重要的，是选择智商在及格线徘徊的美女还是随便就能写几千字散文的才女。"千百年来，"女子无才便是德"的固有观念，将美女和才女剥离开来。殊不知论及倾国倾城，才情丝毫不逊色于美貌。

关于这一点，我想被流传千古的钟无艳最有发言权。

古往今来，无论是文学还是曲艺，钟无艳涉猎之广丝毫不逊色于史书内外任何一名美女。貌丑、才绝、胆识、忠勇，她这一生太励志，随便拎出一点都足够被书就成一大段传奇。

史书有云钟无艳"复姓钟离名无盐"，钟离是商汤的子孙后裔，由于其始祖曾食采于一个叫作钟离的地方，所以子孙才会"以邑为氏"，开始以"钟离"或"钟"为姓。因此一说钟无艳实际叫作钟无盐，一说她姓钟离，名春字无盐。而无艳，是世人以一言蔽其容颜而已。

元朝杨维桢作过一首《钟离春》的杂曲，称她是"白头深目凹鼻唇，皮肤若烟面如尘"。解释过来大概是，发稀而白、额头下陷、双眼下凹、鼻子朝天、皮肤黑得像漆。而事实不仅仅如此，钟离春的脖子很肥粗甚至有喉结，天生鸡胸而且骨架很大，粗壮得像男人一样。如果说容貌一般的女人尚且以貌不惊人来评价，钟离春大概属于貌"太"惊人的类型了。

除了容貌，她出身也没有任何可圈可点之处，《列女传》中说，她是"齐无盐邑之女"。战国时期，齐国将被吞并的鄣国、宿国置为无盐邑，大概相当于县级城市。论出身，论容貌，钟无艳大概就是一战国版凤姐。

然而就是这样一个与皇权、与后位十分不搭边的女人，却成了齐宣王的正宫皇后。

关于齐宣帝和钟无艳，元曲四大家之一的郑光祖有一出杂剧叫《丑齐后无艳连环》，说的是齐公子夜梦菽月，上大夫晏婴替他圆梦，认为公子将娶的夫人隐于乡村，时运未通，并建议他出城围猎寻访淑女贤人。齐国无盐邑钟离信的女儿相貌丑陋但文武兼备，很有才能，外出采桑时与追赶白兔的齐公子相遇。晏婴见她出言不俗，便劝齐公子娶她为后。

当时秦、燕二国都想制服齐国，故意以难题刁难，让齐国派人解开玉连环，弹响蒲弦琴，钟离春凭智慧解决了这两个难题，并故意羞辱使者，激待两国发兵。钟离春又率兵布阵打败了他们，使齐国无忧。

早在西汉刘向的《列女传》中钟无艳"自谒宣王"，换言之，钟无艳能够见到齐宣王完全是毛遂自荐，大概类似于拦路喊冤的模式，一个女子敢直谏君王本身就很罕见，何况是一个千古奇丑的女人，这影响力和关注度，放在今天足以抢头条了。

大概钟无艳要的就是这样的效果。一个业已垂老而貌丑的女人，席地而坐，举目、张口、挥手，拍着大腿大闹国家最高政治机关，齐宣王想要不关注她都很难。何况被这样的一个女人指着鼻子说自己吏治不清、治国昏庸，实在是有辱一国之君的威严。如果钟离春不能说服齐宣王，恐怕下场比毛遂兵败后自刎要惨得多。

所有人都在替这个胆大妄为的女人捏一把汗的时候，钟无艳如郑光祖所撰，"言语不俗"，终于得到齐宣王特许的畅所欲言的机会。她多年来不得以施展的治国之能才终于找到了一个展示的舞台。

面对齐宣王的质问，她说："我这举目，是替大王观察风云的变化；张口，是惩罚大王那双不听劝谏的耳朵；挥手，是替大王赶走阿谀之徒；拍腿，是要摘除大王这专供游乐的雪宫。民女不才，但我也听说'君有诤臣，不亡其国，父有诤子，不亡其家'。而今大王沉湎酒色，不纳诤言，这是我张口为大王接受规劝的意思；敌人就要大兵压境了，你还被一群吹牛拍马之徒包围着，因此我挥手将他们驱逐掉；大王耗费大量的物力、人力造成如此豪华的宫殿，弄得国库空虚，民不聊生，今后怎能迎战秦兵呢？"

先述先王开疆之不易，而后细数齐国潜在的危险，最后历数齐宣王用人不贤、铺张浪费的一系列昏庸之道致使政治腐败，纲纪不振，陷国家于危难，陈述有节，循序渐进，娓娓道来。当年平原君赞颂毛遂"三寸之舌，强于百万之师"，这钟无艳可也算得是"妇人之言，横扫朝纲士贤"了。

不知史书工笔是否润色了这对奇特的帝后之间的合作洽谈，齐宣王在听完钟无艳的斥责陈述后，没有发怒反而大为感动地说："如果你不及时来这里提醒我，我哪会知道自己的过错啊！"钟无艳的面谏和主张最终被采纳了。并且按照钟无艳进谏，齐宣王拆渐台、罢女乐、退谄谀、进直言、选兵马，实府库进而使齐国大安。

钟无艳的这一场直谏算得上铤而走险，谏臣魏征敢于直言，好歹还有太宗丹墀之下宰相的身份。而一介民女敢于直接面谏国家最高领导人而且痛斥其为政不端，如果遇到的不是齐宣王而是商纣王，恐怕将削为"人彘"都难消心头之恨。

只能说好险好险，幸亏齐宣王算不上一个昏庸无道之君。

《孟子·梁惠王章句上》中讲述了齐宣王以羊易牛取血祭钟，"见其生而不忍见其死"的君子之道。诉诸于孟子及其门生笔下的齐宣王的确是个仁君，也是个善于纳谏的开明君主。

　　他见到秦国招揽贤士，得人而治，便也着意于文化事业的发展。不惜耗费巨资招致天下各派文人学士来到齐国稷下学宫著书立说，开展学术研究，形成前所未有的百家争鸣，创造了中国灿烂的"先秦文化"。

　　然而从他留下的典故来看，面对群臣士贤的进谏，他并非不接受，却不一定执行。所以作为一个仁慈开明却不作为的君主，因为齐国在他在位期间灭亡而称他为昏君，于他多少有点冤枉。


　　诚如钟无艳所言，面临大军压境齐王身边围绕着一群滥竽充数的南郭先生，连孟子和淳于髡都只能委婉地劝谏，而钟无艳言辞犀利的直面指责对齐宣王有如振聋发聩一般。这也是钟无艳的机智过人之处，齐宣王既是她要面谏的君主，又何尝不是直接阻击她实现政治抱负的对手。知己知彼，百战不殆，她铤而走险地直击要害之举，反而使齐宣王对她言听计从。

　　他胸中无治国之方略，她愿意做那个为他出谋划策、排忧解难之人。他许她心心念念皇后之位，她愿意做他的国之利器。钟无艳皇后之位相当于今天的荣誉主席，是齐宣王给予她可以名正言顺辅佐于他左右的一个身份。毕竟，战国不是大周，齐宣王再开明，女人入朝为官也是奢谈。两人以婚姻为名缔结了政治上的同盟。

史书上说，被齐宣王册封为皇后时，钟无艳已经年逾40。40 岁而未嫁的女人，古往今来除了钟无艳，还有一位是武则天的母亲。不过两者不同的是，武则天的母亲是个地道的女文青，剩到不惑之年才嫁，左右脱逃不开一个情字。而同样是剩女的钟无艳，从来不曾将精力投诸于婚姻和情感，她并不是一个待字闺中的女人，而是具有雄才伟略的林中隐士，等待的绝不是爱情，而是被发掘重用的机会，她爱的是家国天下。

杜琪峰在电影《钟无艳》里，为齐宣王和钟无艳的故事虚构了一个深得盛宠的夏迎春。其实在钟离春死后，齐宣王就从自己最喜欢的七个美人儿中选了一个最疼爱的立为夫人。即便是她生前，齐宣王的后宫中也不乏圣眷隆重的美人。不过这并不会使钟离春生不安寝，死不瞑目，于她，一生能倾付与天下，已然足够。

《淮南子·说山训》："嫫母有所美，西施有所丑"。四大美人容貌超群却难逃"祸水"骂名，美貌最终成为她们伤害自己的利刃。而古今四大丑女，却无一不是贤德之人，千百来年，她们的容貌早已被人忘却不再有人提及，而一再被称道的只有她们坚韧而高尚的灵魂。

容貌并不能决定内心的才识，而才识却能弥补容貌的不足。她从不哗众取宠，靠才识和谋略击溃了世俗美丑的陋见，靠自己高尚的情操和卓越的能力展现了独具的个人魅力。杜琪峰的电影里，在最终齐宣王选择了忠勇多谋的钟无艳的那一刻，这场才识与容貌的 PK 赛就已经分出了胜负。

"宁作钟离春，勿学姑瑶草"，决定人生的不是美丑，而是内心的格局。

# 陈阿娇：情商比家世重要

高情商的女人善于将爱情和生活都装点得参差百态、花团锦簇：以温情而恰到好处的嫉妒，表明对他的爱和重视；用适时的撒娇和任性，来增加爱情的甜蜜……

还记得那部《中国式离婚》吗？人到中年的林小枫，守着她岌岌可危的婚姻，焦躁、狂暴、歇斯底里得像一只困兽，不断用爪牙撕咬、反抗，不惜把自己和别人都伤害得鲜血淋漓，以为能争出个高下，最终不过一纸离婚协议将一身的疲惫、伤痛和着沉默吞下，给看客们留下一声叹息。

婚姻里从来不乏林小枫，也许她们曾经是完美女人，却无一例外地将自己沦落成怨妇。她们不是不聪明，也不是不贤惠，诚如《中国式离婚》的编剧所言，她们缺乏的只是经营婚姻的智慧。

看过一本阐释女人幸福与情商的书。书中直言，女人的幸福并不取决于是否有一个好家世，是否能嫁一个好男人，而取决于情商的高低。高情商的女人把爱情、家庭、人脉、事业和健康打理得井井有条，而低情商的女人拾掇自己都难如登天。

如果一定要从古今中外的女人里面选一个典型事例，陈阿娇应该可以拔得头筹。

陈阿娇能名留千古，除了做了汉武帝的第一任皇后之外，更令人印象深刻的是，她还是"金屋藏娇"的主角。其实老天对陈阿娇当真不薄，母亲是汉文帝与窦太后所出的唯一公主，也是汉景帝刘启唯一的同胞姐姐，后嫁与堂邑侯陈婴之孙陈午为妻。陈阿娇一出生就得到一把开了外挂的好牌——深受宠爱的长公主母亲、贵为帝后的外祖、尊为天子的舅舅、陈氏侯门的出身，哪一张拿出来都足够当一辈子的护身符。

与陈阿娇相比，童年的刘彘生母王氏不过是汉景帝后宫中一个恩宠平平的美人，借不上天时，也靠不了地利。皇子的身份并未带给他与生俱来的优越和荣耀。想想后来刘彘能绝地逆袭，还正应了那句话，人生的精彩不在于拿到一手好牌，而是打好每一张牌。古往今来讲究事在人为，说的就是这个道理。

薄皇后无子，中宫之位形同虚设。而汉景帝对栗姬是宠眷优渥，爱屋及乌，他和栗姬的儿子刘荣才能够以庶长子的身份荣登太子之位。馆陶公主刘嫖希望自己的女儿能当上大汉的皇后，那么刘荣就成了乘龙快婿的不二人选。刘嫖向栗姬提亲，将阿娇许配给太子刘荣。

这是一桩再合适不过的政治婚姻——门户登对、各得所需。只要刘荣日后履行承诺册封陈阿娇为皇后，刘荣的太子之路也会在长公主的鼎力相助之下走得更为顺遂。

可栗姬却偏偏没有答应。

和举荐了飞燕合德的阳阿公主一样，馆陶公主四处搜寻美女送给汉景帝，以此博得皇帝的欢心，来为自己谋求权势和利益。汉景帝对馆陶公主进贡的美人们的恩宠超过了栗姬，这引起了这位宠妾的长期不满。因此面对馆陶公主的提亲，栗姬想都没有想便拒绝了。

栗姬的拒绝令馆陶公主大为恼火。而另一方王美人却额手相庆，她不失时机地将自己的儿子推荐到了长公主面前。而刚刚遭受拒绝的馆陶公主同样需要一个替自己挽回面子的人，四岁的刘彘就这样成为陈阿娇未婚夫的内定候选人。

一日长公主将刘彘抱在膝头上问："彘儿长大了想要娶媳妇吗？"天真无瑕还是一枚小正太的刘彘当然说想。于是长公主指着左右宫女百多人给他选，刘彘都不满意。最后长公主指着自己的女儿阿娇说："那阿娇好不好呢？"年幼无知的刘彘立马眉开眼笑地说出了那句流传千古的婚约：

"如果能娶阿娇做妻子，我会造一个金屋子给她住。"

当真是一语定终身，刘彘的回答令长公主非常满意。刘彘成了陈阿娇"两厢情愿"的内定未婚夫。

作为准岳母的长公主送给刘彘的第一份见面礼，便是太子之位。

在长公主不遗余力的游说之下，汉景帝对栗姬母子的不满与日俱增。一次汉景帝与栗姬谈起他百年之后，栗姬能不能善待他的众多子嗣。可能多年不衰的恩宠已经让这个美丽的女人丧失了危机感，她竟然毫不犹疑地表示自己绝对不会善待其他女人的孩子。栗姬的表现最直接地印证了长久以来谗言的真实性。汉景帝大为光火，原本有利于栗姬母子的前朝后宫局势发生了颠覆性的变化。

而就在此时，王美人却暗中催促栗姬族人上书皇帝，催立栗姬为皇后。这次上书成为压倒栗姬母子的最后一根稻草。栗姬被废为庶人打入冷宫，太子刘荣改封临江王。同年，在刘嫖游说窦太后和汉景帝的作用下，王美人被册封为皇后，七岁的胶东王刘彻改封为太子。

后元三年景帝驾崩，太子刘彻即位。时为太子妃的陈阿娇终于得偿所愿地被册封为大汉皇后。


如果历史停留在这一刻多好，王子和公主从此过上了幸福的生活。然而，现实偏偏是残酷的。现实的残酷性在于，它把童话撕裂得满目疮痍，却又让你不得不带着苦痛、耗尽气力去修补欲盖弥彰的伤痕。

这对年轻的帝后夫妻如愿地登上了这个国家最至尊的宝座，却没有如愿地过上童话般的幸福生活。灰姑娘的王子幸福，因为他迎娶的是灰姑娘。而大汉天子的不幸在于他迎娶的是灰姑娘的姐姐，还附带了一个贪得无厌的后母。

无数的心灵鸡汤掏心掏肺地告诉年轻的姑娘们，不要和穷小子谈恋爱。哪怕他再有才干，哪怕他再有斗志。现在嫁给他等到他功成名就的那一天，第一个踢掉的就是你这个黄脸婆。

这话也许看上去不无道理，世间那么多哭得鼻涕一把泪一把，逢人就控诉丈夫功成名就做了负心汉的女人还不足以印证这一点吗？

而这些女人的哭诉里永远少不了那一句："当初如果不是我，哪有今天的你！"

大概，幽闭长门宫的陈阿娇的哭诉里也少不了这么一句。毕竟，汉武帝刘彻的帝位，她和她的母亲都付出了十足的努力。所以索求就变得理所当然。她的骄横无礼理所当然应该被迁就，窦太后的贪婪成性理所当然应该被满足，她专宠十年而无子理所当然应该被原谅。

经常被林小枫骂成窝囊废的宋建平向肖莉倾吐道："肖莉，知不知道对一个男人来说，最窝囊的事是什么？那就是让老婆瞧不起。林小枫，她就瞧不起我。"这话并非事出无门，面对事业风生水起的宋建平，感到两个人差距日益拉大的林小枫说的最多的一句话就是："要不是我，你今天什么都不是！"

这句话的高频率出现，导致的结果往往是，无论这个男人的今天"是"或"不是"。你都会被归类到他要摒弃的"昨天"里，你的努力和付出都会渐渐被遗忘。

诚然，付出都应该期待回报，却不是以巧取豪夺的方式，不论是物质还是情感。被掳掠得越多，对方的感激之情反而越淡薄。于男人最难消受的便是美人恩，等了十七年的阴丽华是刘秀牵挂一辈子的温暖牌棉衣，而陈阿娇却活成了一块刘彻时时想撕掉的补丁。正是陈阿娇的"擅宠娇贵"，让十年后卫子夫的出现变得格外理所当然。

在汉武帝登基一年后，由平阳公主向刘彻举荐了时为歌女的卫子夫。卫氏出身并不高贵，母亲不过是平阳公主家的侍女。汉武帝在霸上参加完除灾祈福的礼后，顺路来到平阳公主家，在十数个平阳公主进献的美人中，清丽温婉的卫子夫得到武帝的青睐进而得幸。

和飞燕合德一样，卫子夫也是平阳公主为了讨好汉武帝而献上的计上美人，却远不如飞燕合德心机深重。陈阿娇从来不曾沦落如成帝的许皇后，却依旧没能逃开秋扇见捐的命运。

闻卫子夫大幸，恚，几死者数矣。上愈怒。

司马迁寥寥数笔将陈阿娇一哭二闹三上吊的失态描写得淋漓尽致。陈氏母女对卫子夫的迫害，对其胞弟卫青的追杀，反而增加了卫氏姐弟在武帝心中的分量。

被妒意冲昏了头脑的陈阿娇哪里晓得，这位她眼中的头号情敌，在得幸入宫后有长达一年多的时间为武帝遗忘。一年后武帝遣散年老宫人，被冷落至极的卫子夫向武帝哭诉，祈求武帝将她放还归家。

适时的一点以退为进的谋略，足以使卫子夫再次获得武帝的宠爱。却不足以令她顺利地登上后位，帮助卫子夫实现从歌女到王后传奇蜕变的不是别人，正是陈阿娇自己。

《中国式离婚》的编剧王海鸰说："当你的先生有了背叛行为的时候，这个时候你怎么办呢？我觉得你要搞清楚他是一时冲动还是爱上了对方？这是两种处理方法，如果他就是爱上了别人，你要争取回来当然更好，争取不回来就算了；他一时走火，你要是兴师问罪，没完没了，跟他死缠烂打，你最终会失去他。"

在这场婚姻的拉锯战里，陈阿娇与其说是败给了卫子夫，不如说是败给了她自己。

四年后，窦太后去世。陈阿娇手中的好牌也被她打得七零八落。失去了最有力的庇护的陈阿娇，不久因与女巫在宫中行巫蛊之事，触怒了汉武帝。忍无可忍的汉武帝下诏，收回皇后的玺绶，将她移居长门宫。她依旧是陈氏侯门的贵女，她依旧是窦太后唯一的外孙女，可这都改变不了她弃妇的身份。

望中庭之蔼蔼兮，若季秋之降霜。夜曼曼其若岁兮，怀郁郁其不可再更。

澹偃蹇而待曙兮，荒亭亭而复明。妾人窃自悲兮，究年岁而不敢忘。

数百年后，刘方平的一首《春怨》可以从遥遥的大唐，喟叹出陈阿娇"金屋无人见泪痕"的寂寥。千金买得相如赋，却再也唤不回汉武帝的心。两人的感情，果然如同林小枫所言，像一把握紧在手中的沙，不知不觉从指缝间流失殆尽。

没有一种婚姻不需要经营，不论促成这段缔结的两个人是如何的青梅竹马，两小无猜。胜利如卫子夫，最终也抵不过年轻貌美的李夫人横刀夺爱。而盛宠如李夫人也逃不开香消玉殒的惨淡宿命。这一场看似艰难异常的战斗里，没有一个人是完全的赢家。

婚姻在包容鸡零狗碎的同时，也会由于时间的流逝渐渐失去其本有的弹性而出现裂痕。我们无法改变生活里的鸡毛蒜皮，也无力保证婚姻能延展如新。我们能做的，无非是用心予其以抚慰，用智慧予其以呵护。

　　《中国式离婚》里娶了"绝望的生鱼片"的刘东北总结说，女人"可以聪明但千万不能透彻"。婚姻需要智慧，可不是用智慧让它博弈如同战场，而是善于利用她的聪明将婚姻调和得浓淡相宜，沁甜怡人，这才是智慧。

　　有人总结说，一个高情商的女人善于将爱情和生活都装点得参差百态、花团锦簇：以温情而恰到好处的嫉妒，表明对他的爱和重视；用适时的撒娇和任性，来增加爱情的甜蜜；"战争爆发"的时候，她懂得就事论事、收放自如；她们挥舞着高情商这根魔棒，把一个家经营得幸福美满。她们的婚姻没有理由不幸福，更没有可能不长久。

　　简而言之，在婚姻里，如果你什么都具备了，也不要忽略了你的情商。如果你什么都没有，没关系，你还有情商呢。

# 卫子夫：命运是一场愿赌服输的博弈

有人遵循着命运的安排，从起点到终点走完既定的路程即为一场胜利。而有更多的人，不愿意遵循命运的安排，他们的路途上要么变贫瘠为繁茂，要么予苍凉与繁荣。

张爱玲在《半生缘》中说，命运选择我们的时候是没有恨意的，而我们选择命运往往是带了恨意的。

张爱玲没有说的是，当我们怀着恨意选择某一种命运，也就等同于选择了被命运翻覆于股掌之中。他可以慷慨给予，也不介意随时收回。就像是一场博弈，没有人是永远的赢家。

被关进长门宫的陈阿娇，若是知道数十年后，她恨之入骨的卫子夫也未得善终，不知道是会欣然称快，还是会潸然落泪。

有人说命运之所以强大，是因为它否决了各种假设。它让所有人都无法预料站在被赋予的起点上，下一刻是春暖花开还是寒风凛冽。

卫子夫，建元二年的上巳日，从灞上归来的汉武帝，带给她的是生命中最明媚的和煦春光。

那一年，武帝登基的第二年，上巳日循惯例前往灞上祭祀先祖，祈福去灾。一场礼仪式的祝祷之后，汉武帝没有急着返回皇宫，而是取道平阳公主府。也许他自己也没有料到，他不过一次偶然的探访，会邂逅到人生中最重要的一个女人。

平阳公主是汉武帝的同胞长姐，嫁与开国功臣曹参的曾孙平阳后曹寿。得知天子驾临，平阳公主一早就做足了准备。盛大的筵席，曼妙的歌舞。席间，平阳公主趁势将精心挑选的十几个女孩子妆扮一新后带上来拜见武帝，却不想汉武帝对这些佳丽根本就不感兴趣。

无计可施的平阳公主遂命令府邸中豢养的歌姬在席间献唱。本自意兴寥寥的汉武帝，忽然在歌女之中发现了一个女子，青丝如瀑、柔媚婉转，正是卫子夫。

平阳公主见卫子夫勾起了汉武帝的兴趣，立即吩咐卫子夫到汉武帝跟前侍奉。汉武帝起坐更衣，子夫前去服侍，在平阳公主府的尚衣选中，卫子夫得到了汉武帝的第一次宠幸。

对于这次情感交流经历，司马迁在《史记》中写道："上还坐，驩甚。"也就是说，汉武帝回到席上十分高兴，立马赏赐黄金千两作为对平阳公主的谢资。而平阳公主也顺水推舟，奏请汉武帝将卫子夫带进宫中，令卫子夫和平阳公主都十分兴奋的是，汉武帝也答应了。

无心插柳柳成荫，卫子夫的人生转机就从这样一个偶然开始了。

入宫后的卫子夫，时刻不能忘怀临行前平阳公主的嘱托："即贵，无相忘。"她不同于外面买来的歌姬、舞姬。她是平阳公主府中的家生子，母亲卫媪是平阳公主府上的家奴，由于不清楚父亲是谁，所以都随母姓卫氏。自幼被送进公主府学习歌舞的卫子夫，平阳公主府就像是她的娘家，为娘家尽心尽力是她力不容辞的。

想必坐在马车上，看着渐行渐近的皇宫，卫子夫内心的忐忑和激动连语言都无法表述。皇宫在她眼中如同天堂一般的所在，而现在上天眷顾，竟然令她得以成为这皇宫中的一分子。她甚至都听到了心海花开的声音。


然而命运的恶意在于，它会在你踌躇满志的时候和你开一个不大不小的玩笑。进宫后的卫子夫，并没有如愿一跃成为汉宫中最得宠的女人，事实上将她带进皇宫之后，汉武帝很快就把这个和他春风一度的女人给忘了！

皇宫中从来不乏女人，于是皇帝的遗忘就显得格外的令人凄惶。没有任何册封，也没有合适的名分，她成了汉宫中无名无分的宫女，尴尬地守着曾经美好的憧憬，成为武帝记忆里的一颗尘埃。


此时陈阿娇高居后位，于后宫之中又是专房专宠。而且陈阿娇善妒，如果得知从平阳公主府中领回的卫子夫，说不定便是一场血雨腥风，刚刚见到新生活曙光的卫子夫说不定会就此香消玉殒，传奇的一生就此结束。

老子说"福兮祸之所伏，祸兮福之所倚"，当时的卫子夫未必懂得这个道理，也不是紧跟时代步伐，行的是无为而治的战略战策。而是对于皇宫而言，她作为一个没身家、没依仗、没资历的三无人员，除了每天满怀希望地等待武帝突然想起她，她连努力的方向都未必找得准。

这样的日子过了整整一年，她入宫后的第二年，汉武帝打算精简后宫人员，将老弱病残一律遣送宫外。卫子夫正巧抓住了这个机会，她上书要求将她"放归山林"。

如果是寻常宫人，也许和管事宫女打个招呼就可以了。而卫子夫偏不，她坚信有努力才有回报。她将调离申请直接面陈给汉武帝，本来已经将卫子夫忘到脑后的汉武帝，见到一温柔似水的佳人在自己面前哭得梨花带雨，好不凄惨可怜，一时怜香惜玉心发作，将这个与他曾有过一场露水情缘的女子重新留在了身边。

机会永远是留给有准备的人的，卫子夫成功地抓住了这个机会，靠着以退为进的路数，完成了一次漂亮的咸鱼翻身。

卫子夫被安置在上林苑，汉武帝此举主要是为了避开陈阿娇的眼目。换个角度来说，对卫子夫也是种保护。当时陈阿娇和她母亲馆陶公主正依仗着自己替刘彻挣来了皇位，齐心一致地在宫内外对刘彻进行压榨。汉武帝的精神世界是空虚的，而卫子夫正好在这个时机出现在了他的身边，不得不说，命运的常青藤给了卫子夫太多的眷顾。

而老天对她的厚待还不止于此，住进上林苑不久，卫子夫怀上了身孕，这给了汉武帝一个巨大的惊喜。陈阿娇多年无子，致使汉武帝一直膝下空虚。而她此时的身孕，无异于给自己佩了一个雷打不动的护身符。

十月怀胎，一朝分娩。卫子夫为汉武帝生下一个女儿。第一次当父亲欣喜若狂的汉武帝，顾不得孩子的性别。他等待这一个孩子等待了太久，他迫不及待地要向全国人民宣告，他终于后继有人了！

这一番宣告，于卫子夫而言不啻于向居于中宫而无子的陈阿娇宣战了。而且更令陈阿娇不能容忍的是，在她的严密监控下，刘彻不仅找了别的女人，而且还和别的女人生了孩子。

是可忍，孰不可忍。陈皇后把这件事抱怨给亲妈听，馆陶公主也不能接受一个低贱的私生女与自己血统高贵的女儿共同分享一个丈夫。

妒火中烧的刘嫖派人去抓捕卫子夫的弟弟卫青，欲杀卫青以威胁卫子夫。却不想卫青被好友公孙敖带领一干壮士及时相救。卫青免于一死，而刘嫖母女俩的阴谋也随之败露了。

正处于叛逆期的汉武帝，对这对母女的所为大为光火。他召卫青为建章监并加授侍中。建章监在当时相当于宫廷禁卫军的统帅，与皇帝保持着密切的关系。汉武帝将卫青调到自己的身边，何尝不是因为对卫子夫的宠爱？

心情舒泰，宠眷隆重的卫子夫之后又接连为汉武帝生下两个女儿。而与此同时，卫子夫同母异父的弟弟卫青，也在对战匈奴的战斗中不断地展现出自己的军事才能。元光六年，匈奴兴兵南下直指上谷。汉武帝任命卫青为车骑将军，率领一万骑兵，迎击匈奴。

卫青首征，果敢冷静，深入险境，直捣匈奴祭天圣地龙城，首虏七百人，取得胜利。武帝大喜，这不仅是为四路分兵出去唯一胜利的一支，更是大汉与匈奴对战以来的第一场胜仗。因此卫青被汉武帝加封为关内侯。

此后数年，卫青从关内侯一直升到了大将军，卫子夫的长姐卫君孺嫁给太仆公孙贺为妻，二姐卫少儿因与陈掌有私，汉武帝便召来陈掌使其显贵，公孙敖亦因与卫家亲近而受益。卫氏满门无一不煊赫到了一个极致。

"生男勿喜，生女勿悲，独不见卫子夫霸天下"。

卫子夫犹如一只雏鸟，在宫廷的浸润里渐渐丰密了羽毛，家族的煊赫，自己贵为夫人的名分，她仿佛大汉宫廷版迪斯尼灰姑娘，用好到没边儿的运气给我们讲述了一个童话。

汉武帝元朔元年，已盛宠不衰十年之久的卫子夫为29岁的汉武帝生下了第一位皇子。已称帝12年之久的汉武帝对此兴奋不已。不仅命令朝中善为文者的枚皋及东方朔为皇子撰写《皇太子生赋》及《立皇子禖祝》之赋，更视长子如皇太子。

不仅如此，大喜不能自禁的汉武帝为表虔诚，又修建了婚育之神高禖神之祠以祭拜之，以酬谢列祖列宗赐予他一个儿子。

随着皇长子的诞生，卫子夫的人生际遇已经堪称完满。


在皇长子出生后不久，时为中大夫的主父偃上书武帝，请立卫子夫为皇后。以歌女出身为皇后，这在西汉武帝以前的历史上是绝无仅有的。

而早在这之前，也就是卫子夫孕育皇长子刘据之前，陈阿娇因为求子心切，不惜与觐见宫中的女道姑行媚道，希望以此能挽回汉武帝的恩宠，并加害于卫子夫。

得知此事的汉武帝大为震怒，派御史大夫张欧负责此案，追查出楚服等人为陈皇后施巫蛊之邪术，祝告鬼神，祸害他人，属大逆不道之罪。

不管之前如何，这一道巫蛊的罪名连刘嫖都无法保全陈阿娇。为后十一年的陈阿娇被废黜皇后之位，移居长门宫幽闭，无诏不能出。

而主父偃此时的提议，便是要替椒房殿寻觅一位新主。卫子夫不再是那个无依无靠的歌女、宫女，贵为大将军的卫青，汉武帝如获至宝的长子刘据和自身贵为夫人的身份，使她成为后宫之中竞争后位最有力的人选。

因此汉武帝欣然应允，择元朔元年的春天，三月甲子这一日册立卫子夫为皇后。六年后，两人的长子刘据与他父亲一样，在七岁时被册立为皇太子。并择朝中之贤良为其教授《公羊春秋》《谷梁》。待其成年后，武帝又为其建造博望苑用以接待宾客。

子以母贵也好，母以子贵也罢，荣宠近二十年，卫子夫成为青史之中的一个异数！

然而色衰而爱弛，是每个后宫中的女人逃不过的宿命。当第一条皱纹爬上卫子夫的眼角，她和大多数的女人一样，惶惑而惊恐地看着那条来得太不受期待的皱纹，瑟瑟地和衰老打了第一个招呼。

好在，卫氏又出了一个霍去病。

公元前119年，卫青、霍去病双双对匈奴用兵，双双大捷，卫青被封为大司马大将军，霍去病被封为大司马骠骑将军。卫氏的门楣再一次荣耀生辉，只是这样的辉煌里，无论如何都透出一抹夕阳余晖的哀凉。

在匈奴大捷两年后，正值壮年的大司马骠骑将军霍去病病逝，年仅23岁。霍去病的离世，带给卫子夫和太子刘据以巨大的冲击。彼时，因为刘据的性格与汉武帝迥异，并没有得到汉武帝的太多宠爱。

而于卫子夫，一个开始接受衰老的四十余岁的女人，已经明显地感觉到有更多如同自己当年一样年轻、娇美的女人，开始取代她在这个既是皇帝又是丈夫的男人心中的地位。王夫人、李夫人、尹婕妤、册夫人、赵婕妤，越来越多的女人充斥在她与他之间。他们之间只剩下帝后的关系，曾经澎湃的激情和爱眷，已经随着她不再如瀑的青丝，不再光洁的眼角额头而渐渐消弭。

该来的躲不过。卫氏外戚的壮大之迅速，太过引人侧目。庞大的外戚成员亦未能免于恃宠而骄之俗。先是宰相公孙贺之子公孙敬声借九卿太仆之位擅用北军军饷。之后，公孙贺将功补过捕捉阳陵人朱世安，却被朱世安上书诬告公孙敬声与阳石公主私通以及行巫蛊诅咒天子。

汉武帝已经老了，这个越发年迈的男人开始变得愈加的暴躁、多疑。他开始迷信一般地相信，身边有人在以巫蛊之术诅咒他、加害他。他委任宠臣江充调查朝堂上下、深宫内外的巫蛊之风。

太子刘据对江充这个人多有不满，几番龃龉冲突，江充担心垂垂老矣的汉武帝死后，即位登基的太子刘据会对自己不利。便设计安排了一位声称能破巫蛊的法师，继而在太子殿内发现了埋在地下的小人儿，以此作为太子巫蛊诅咒汉武帝的证据。

惊慌失措的刘据为了防止被武帝发现，情急之中顾不得其他径自杀了江充。而后集结太子、皇后宫中的武装车马，以备不时之需发兵自保。

此时住在甘泉宫的汉武帝，已经听闻了太子以巫蛊厌胜之术诅咒自己的消息，随之而来的还要太子起兵意欲谋反的消息。汉武帝大为震怒，他派人进城抚慰太子，却不想派去的人根本没有进城，便谎称太子造反复命于武帝。

震怒之下的武帝派兵平叛，腹背受敌的太子因不敌武帝派去的精兵强将，只好落跑出城，在湖县被人发现行迹而自缢身亡。

消息传来，汉武帝派人收走了皇后的印绶。两人厮守三十八年之后，卫子夫在无奈中重蹈了和陈阿娇一样的弃妇道路。终于在愁苦交加之中，她于椒房殿自尽身亡。

陈阿娇被幽居长门时，人人皆道卫子夫是赢家。然而故事的最后，连年轻的钩弋夫人都因为子少而母壮被赐死。在后宫的这场角逐里，没有人是真正的赢家。

当命运把我们安排在人生的起始点上，不论我们情愿与否，都要开始这一生的征程。这条征程太过未知，不论是长度还是时间，都由我们自己掌握。

有人遵循着命运的安排，从起点到终点走完既定的路程即为一场胜利。而有更多的人，不愿意遵循命运的安排，他们的路途上要么变贫瘠为繁茂，要么予苍凉与繁荣。命运从来不和他们争辩，也永远不告诉你，走哪一条路最易胜利，行哪一步棋太大胆，出哪一张牌胜算大以及谁能成为最终的赢家，却以最冷酷的现实教导我们，愿赌服输的基本法则。

# 卓文君：最漂亮的婚姻保卫战

她拿得了自己的大主意，面对婚姻的红灯不慌不乱，有条不紊地打理着自己的心绪，不卑不亢地让丈夫自觉回到自己身边。能将婚姻经营得井井有条的女人，自有一份大智慧！

初中时看《红楼梦》，读到王熙凤撞破了贾琏与尤二姐的私情轰轰烈烈地跑到宁国府闹上一大场，然后再回到贾母跟前儿做个委委屈屈的小媳妇儿。一面暗道这女人足够泼辣，一面又暗自觉得过瘾。当婚姻亮起了红灯，一百个女人会有不下一千种解决方式，王熙凤这样的，只能说是底气太足，腰杆太硬，翻出天去有太婆婆贾母兜着，所以敢肆意妄为地为了自己的婚姻尽兴闹上一场。

而更多的女人，不是像尤氏一样默默垂泪忍受，就是在婚内明枪暗箭地打一场持久的保卫战，而后不是委曲求全就是干脆退出。古往今来，也只有一个女人是例外，那就是卓文君。


她是卓王孙的独女，遇到司马相如时刚刚成为新寡。卓王孙舍不得女儿在婆家吃苦，索性接回家来安住。也正是在此时，她遇到了落魄的司马相如。

司马相如前来投奔好友王吉，一个意外的机会前往卓王孙府上赴宴。卓王孙想必是得闻司马相如盛名，请司马相如在府上抚琴演奏。一曲《凤求凰》向隔帘偷窥的卓文君发出了最热烈的表白。

"凤兮凤兮归故乡，遨游四海求其凰。时未遇兮无所将，何悟今兮升斯堂！有艳淑女在闺房，室迩人遐毒我肠。何缘交颈为鸳鸯，胡颉颃兮共翱翔！"

卓文君被司马相如炽烈的情感打动了，然而面对司马相如的示爱也不能不犹豫，她已经经历过一段失败的婚姻，爱情是否当真来得这样突然？

　　踌躇彷徨的卓文君就在此刻收到了司马相如的情书，她便如同扑火的飞蛾，所有的徘徊和顾虑都阻挡不了她追逐爱情的脚步。

　　夜色深沉，她从后花园的角门逃出了府邸，此刻她的心是忐忑的也是狂喜的。那双绣鞋迈出角门的第一步，已然决定了她此刻选择了与从前截然不同的人生。

　　不知道夜奔前踏出闺阁的那一刻她有没有过最后一思顾虑，这个对她付与了深情的男人是否当真能令她托付一生。可是思及那场不幸的婚姻，不愿重蹈覆辙、辜负一生的执念到底占了上风，就这样，即将启程离开临邛的司马相如，见到了月色如水的夜色里娇羞不胜的卓文君。

　　而临邛，发现女儿失踪了的卓王孙暴跳如雷，他万万没有想到，他请来的贵客竟然拐走了他的女儿。

　　暴怒中的卓王孙还算没有彻底失去理智，他很清楚地知道，自己金玉堆里长就的娇娇女早晚会因为受不了外头的苦乖乖地回到家里来——司马相如卓有才名，若不是实在境遇不堪，何必背井离乡，不过是到异乡寻个出路罢了。

所以，老谋深算的卓王孙扬言，卓文君休想从他这里得到一文钱。

后路，就这么被斩断了。

卓文君没想到老爹会这么决绝，而司马相如的幻想却被卓老爹生生斩断。两人原想，父亲是不舍得宝贝女儿吃糠咽菜的，可是两人明显失算了。爱情只能调剂生活，而面包才是生活的本真。

被逼到山穷水尽的两个人，相对而坐，到底还是卓文君了解老爹，颜面重于泰山。

于是两人从成都又风尘仆仆赶回临邛，变卖了车马，买下一家酒店，文君亲自当垆卖酒，而司马相如也甘于系上围裙，端酒上菜。

当年名动京华的才女闺秀如今做了老板娘，风光无限的才子当了店小二。这在临邛街头引起了轩然大波，众人纷纷冲着两人的盛名光顾酒店，一时小店声名鹊起，消息挡都挡不住地传到了卓王孙的耳朵里。

卓王孙当然接受不了，这在女儿私奔后又再次给了他重大的打击。他开始闭门不出，躲避流言和嘲笑。

可有些东西是躲不过去的，何况这间酒垆就开在卓王孙府邸的对面。低头抬眼，都叫卓王孙刺心。

此刻卓王孙才觉得自己真是低估了女儿，卓文君用现在的话来说是地地道道的川妹子，本就泼辣直率，更何况又是个有知识有文化的川妹子。此刻文君见老爹闭门不出，一计不成又生一计，文君开始游说自己的兄弟和长辈们替自己说好话。

究竟如何说动了卓王孙，至今不得而知。只是这场对弈最终以卓文君获胜而告终。卓王孙送给他们一百童仆，一百万钱和一笔丰厚的嫁妆。司马相如和卓文君关掉小店，带着钱财回乡。

不久司马相如的《子虚赋》终于得到了汉武帝的青睐，远在成都的司马相如接到了朝廷派来的征召，觐见汉武帝。

男人有才，永远可以去搏击长空，不仅能想，往往还能够实现。而女子有才，期望的也不过是长相厮守，朝朝暮暮。

司马相如走了，去陪王伴驾，用自己的学识去换一个锦绣前程。他随扈武帝游猎，写下了传世著名的《上林赋》，对帝王生活豪奢的铺陈极大地满足了好大喜功的汉武帝的虚荣心，他赐予司马相如一个郎官的职衔。

久久不得志的司马相如就这么轻易地靠自己的才学征服了女人后又征服了皇帝。久居京城，他渐渐忘却了卓文君当年与他当垆卖酒的情意，更明媚的娇颜迷乱了他的眼。

此刻只身在成都的卓文君正望穿秋水地等待着功成名就的司马相如归来，可年复一年，日复一日，希望都成了失望。聪明如卓文君，怎会猜不出司马相如的心思，一别经久，司马相如音信渐稀，情意渐薄，很明显，是有了新欢。

卓文君就是卓文君，贵族小姐也好，深闺贵妇也罢，都没有泯灭掉她本身的卓然和不凡。一般的女人遇到这样的事会如何呢，追上京去，给男人一个难堪，替自己争取回正室的名分和男人昔日的眷顾。可说到底，人追不追得回来且不说，两人的情分、里子面子都不免有了隔阂。

卓文君也是个女人，遇上这样的事如何不急，可是她也相信，当年一曲凤求凰的男子，至情至性，多情也重情。

于是她挥就了一首《白头吟》，将一腔说不尽的情怀都交付与诗句。"皑如山间雪，皎若云中月。问君有两意，故来相决绝。今日斗酒会，明旦沟水头，躞蹀御沟上，沟水东西流。凄凄复凄凄，嫁娶不须啼。愿得一心人，白首不相离。竹竿何裹裹，鱼儿何徙徙。男儿重义气，何用钱刀为？"

　　明明也郁愤他的薄情，却丝毫不说哀怨。情深意重如何，你不要我，我也不会纠缠于你。当日她为了他违背父明私奔，本以为的相知相守也逃不过世俗对爱情的玷污。那么好吧，我成全你！

　　同为女子实在是为卓文君的直率果敢击节。可回过头来看，也能看出她的几分无奈。女子再富有才学又能如何，当时日里，男人驰骋于政坛或疆场辟就一个锦绣前程，而女人，再美好也不过是男人丰功伟绩下的背景，适时的装点着男人的成功。

　　所以，她纵然表明了自己的态度，纵然期冀着"愿得一心人，白首不相离"，可若是他执意相弃捐，她也愿意决绝了爱去成全。


　　"朱弦断，明镜缺。朝露晞，芳时歇。白头吟，伤离别。努力加餐勿念妾，锦水汤汤，与君长诀。"

　　既然你不顾及旧情，我也不必困守无望令你为难。我与你自此长别吧，请你在离开我后也要努力加餐饭，保重自身。于我，万勿挂念。

　　相较于司马相如的先前登不上台面的算计，和而今志得意

满后的薄情，卓文君的坚毅和决绝在那个时代的女子之中太过
难得。当年既然我有弃纲常名声而不顾的勇气，只为与你相守，
今日我就有同样的勇气与你分离！

可是卓文君的如许情深又都在这最后的几句，即便相离，
我却依然挂念你。那么，你呢?


在等待了许久之后，司马相如终于寄来了回信，这封回信
卓文君想必是拆开得迫不及待，可是等待她的只有十三个字：
一 二 三 四 五 六 七 八 九 十 百 千 万。

唯独少了一个"忆"。


忽然想起王昌龄的那一首《闺怨》：

闺中少妇不知愁，春日凝妆上翠楼。忽见陌头杨柳色，悔
教夫婿觅封侯。

没有她，他如何能有如今青云直上的一日。也不过是成都
曾经煊赫过一世的失意人罢了。可往日情深，在司马相如眼里
已然如同旧笺上的墨痕，浅淡模糊，渐渐了无痕迹。


司马相如的意思很明显，我并不是弃捐你于不顾，不过是
纳妾，你还安坐你的玉堂春就好。

可是他万万低估了自己的妻子，她要的不是名分，她要的

从来都是一生一世一双人！

事已至此，卓文君心凉如水，既然你薄情寡义，我也不必惺惺作态、摇尾乞怜来求取你的怜悯。她的过往，她的当下，都是为了他们之间原本可以隽永而深沉的爱情。如今情爱日稀，她的爱情里容不下委曲求全，那么不要也罢！

于是，就有了那么一首《怨郎诗》：

一别之后，两地相思，只说是三四月，又谁知五六年，七弦琴无心抚弹，八行书无信可传，九连环从中折断，十里长亭望眼欲穿，百相思、千系念，万般无奈把郎怨。万言千语说不完，百无聊赖十依栏，重九登高看孤雁，八月中秋月圆人不圆，七月半，烧香秉烛问苍天，六月三伏天，人人摇扇我心寒，五月石榴如火，偏遇冷雨浇花端，四月枇杷未黄，我欲对镜心意乱，三月桃花随水转，二月风筝线儿断，噫！郎呀郎，巴不得下一世你做女我做男。

好一个噫！不是依，不是忆。你既然没有了相忆，我也不必赘言。只期望下一世轮回，也能让你尝一尝我今生为了你的相思滋味。

收到信的司马相如自然是心惊了，他也知道自己低估了卓文君。他的妻子不是凡俗女子，要的不是委曲求全的婚姻，而是爱情的无上坚贞。她为他舍弃的那样多，而今连他，她亦能舍弃。干净利落，不留后患。

他终于还是回到了她的身边，他让她等得太久，官场的波谲云诡并不适合一个文人，彼时再度失意的他，再相见，她依然嫣然一笑，不提前尘，不提过往，用最宽容的姿态迎接他的归来。

自此，官场上少了一位御用文人，世间却多了一对风流佳偶。


爱情和婚姻，也许是男人世界里的陪衬，却是女人致力于终生的事业。有的女人做了王熙凤，背定了悍妇的名声，如江冬秀。有的女人做了阴丽华，委曲求全到底也算是修得了成果。有的女人做了张幼仪，被伤得遍体鳞伤还替前夫奉养父母，养育子女。而少数的女人做了卓文君，不费一兵一卒，将这一场爱情和婚姻的保卫战赢了个满贯。

她拿得了自己的大主意，面对婚姻的红灯不慌不乱，有条不紊地打理着自己的心绪，不卑不亢地让丈夫自觉回到自己身边。能将婚姻经营得井井有条的女人，自有一份大智慧，才能赢得圆满，赢得漂亮。

# 王昭君：人生要懂得取舍

生活像一条河流，将一颗心划作两岸，左岸是花开花落、风轻云淡的舍予，右岸是喜怒嗔痴、患得患失的索求，中间流淌的是无尽的欲念和渴望。

56 岁的钟楚红因生日爆出近照，一身连衣裙依旧娇羞如同少女的她，完美地演绎了"女神不老"的神话。有人说钟楚红命好。其实，与其说她命好，不如说她是懂得取舍的女人，从衣着到人生，懂得自己，懂得选择，人生就会变得简单。

不被欲望支配，保持内心澄净的女人，运气都不会太差，一如王昭君。

元帝建昭元年，一乘雕花龙凤官船顺香溪而下，越秦岭而上。舟上的女子，正是王昭君。

生为王家幼女的昭君丽质天成，聪慧异常，琴棋书画无所不通，是全家的掌上明珠。公元前 36 年，汉元帝昭示天下，遍选秀女。王昭君以才貌双绝为南郡定为入宫首选，远别了南郡，离散了骨肉，只身北赴京城。

昭君以家人子的身份入宫被纳为宫女，后宫嫔妃众多，宫女等闲见不到皇帝，就由宫廷画师绘制画像呈送给皇帝听候挑选。因此宫女的贿赂为宫中画师开辟了一条生财之道。易美而丑，易丑而美。也许是自恃貌美，也许是太过清高，才貌双全的王昭君并没有贿赂画师毛延寿，于是，她的画像被毛延寿添加了些破绽，样貌"丑陋"的王昭君整整三年没有受到任何的关注和宠幸。

张建说："玉颜憔悴三年，谁复商量管弦。管弦，管弦，春草昭阳路断。"她将汉宫里久久不得志的压抑和苦闷都付与琵琶一把、曲调声声，付与明月宫墙。

然而她不知道的是，上帝在她不经意的时候，已经悄悄为她打开了一扇人生的天窗。

自汉宣帝时期起，由于匈奴地区各贵族的争夺，匈奴势力已渐渐衰落分裂为五个部分，终日争夺不休。呼韩邪单于五凤四年被兄长郅支单于击败，因此希望借助汉朝力量帮助自己重整河山。

元帝即位后，因郅支单于侵犯西域各国，杀了汉朝派去的使者。汉元帝发兵攻打郅支至康居杀了郅支单于，使呼韩邪在匈奴的地位得以稳固。竟宁元年，呼韩邪第三次来到长安，这一次他要求与大汉和亲。

自西汉以来，大汉与匈奴不乏征战，为了呼韩邪抛来的橄榄枝，汉元帝召尽宫中嫔妃，并许诺以公主的规格待遇酬谢愿意和亲匈奴的女子。对于常年幽居宫墙之内，郁郁不得志的宫人们来说，宫墙外的世界是充满吸引力的，然而匈奴不过是边远蛮荒之地，宫中的女人都退却了。正当汉元帝一筹莫展的时候，王昭君自荐前往匈奴代替宗室公主和亲，以国家的名义，寻求一个转身的机会。

王昭君的挺身而出令汉元帝大喜过望，他从未见过这个毛遂自荐的女子，为这个女子的勇气感动。不久呼韩邪临辞大会，汉元帝以五名宫女相赠，在这五女之间，他终于见到了艳冠绝伦的王昭君。

《后汉书·匈奴南传》中说，昭君"丰容靓饰"。元帝一见，惊为天人。可是身为天子，一言九鼎，再多的不甘心也只能任昭君与呼韩邪在队队车毡细马的簇拥下远离了大汉。

马致远在《汉宫秋》中以顶真和对仗的手法道尽了汉元帝的惆怅与不甘"……他部从入穷荒；我銮舆返咸阳。返咸阳，过宫墙；过宫墙，绕回廊；绕回廊，近椒房；近椒房，月昏黄；月昏黄，夜生凉；夜生凉，泣寒螀；泣寒螀，绿纱窗；绿纱窗，不思量！"

伤心失意的汉元帝在回宫后，将一股脑儿的怨愤不甘都倾泄到了画师毛延寿身上。王昭君出塞后不久，毛延寿因收受贿赂、妄为欺君被斩。

王安石在《明妃曲》中写道："汉恩自浅胡自深，人生乐在相知心。"汉宫的冷漠荒废了她的美丽和才德，而匈奴的求娶，为她几近苍白的人生开启了新的篇章。如王安石所言，知心即安，投身大漠未必没有春天。

这一次转身，昭君做得何其漂亮！

按照选定的黄道吉日肩负着汉匈和亲重任的王昭君，别长安、出潼关、渡黄河、过雁门，历时一年多才到达漠北。呼韩邪册封王昭君为宁胡阏氏，象征她将给匈奴带来和平、安宁和兴旺。

失之东隅，收之桑榆。错过了朝阳的热烈，却无意中欣赏到夕阳恢弘的晚景。这段远隔南北而缔结的千里姻缘，为她的生活镀了一层晚来的金辉。

匈奴北邻乌孙，与大汉的生活习惯、风土人情迥异。王昭君没有如细君公主般悲鸣慨叹，她极快地适应并融入了匈奴的生活。

自西汉初年起，和亲不过是延缓战争的缓兵之计。在汉宫三年漫长的岁月里，熟读诗书的王昭君深谙此道，两国一旦交战，和亲的女子进退两难之间甚至连生命亦不能保全。匈奴日盛而汉祚渐衰，她用一个女人的柔肠去抚慰呼韩邪，泯灭掉他心中征战的火种。为大汉和匈奴带来半个多世纪的和平。

她教导牧民在春暖花开时管理草原，植树栽花，育桑种麻，繁殖六畜；向匈奴女子传授挑花绣朵的技巧，讲解纺纱织布的工艺。在她的努力下，匈奴"边城晏闭，牛马布野，三世无犬吠之警，黎庶忘干戈之役"，呈现出前所未有的欣欣向荣。

不久后王昭君为呼韩邪诞育一子，取名伊屠智伢师，被册封为右日逐王。呼韩邪与大阏氏所生长子雕陶莫皋约定，他死后王位传位于幼子伊屠智伢师。

三年后，呼韩邪去世，长子雕陶莫皋即位为新单于。以匈奴的习俗，新的单于承继的不仅仅是王位，还包括前任单于的家眷子嗣。摆在24岁的王昭君眼前的是与远嫁乌孙的细君公主一样的抉择。

她上书汉元帝说："臣妾幸得备身禁脔，谓身依日月，死有余芳。而失意丹青，远窜异域，诚得捐躯报主，何敢自怜？独惜国家黜涉，移于贱工，南望汉关徒增怆结。而有父有弟，惟陛下幸少怜之。"

她以往日之情祈求汉元帝，希望汉元帝怜惜她已为国远嫁多年，赐予她回朝归汉的恩典。然而，政治上的博弈岂是人情所能翻覆的？汉元帝希望能够通过她继续笼络匈奴的新单于，来换取大汉与匈奴的和平。回信要求王昭君"从胡俗"，要昭君和当年的细君公主一样随乡入俗，夫死再嫁。

一面是大汉朝子民的太平，一面是伦理纲常。王昭君在短暂的沉默和哀伤之后，选择随份入时，在呼韩邪死后再度成为新单于雕陶莫皋的新阏氏。

　　大漠三年，她的坚韧、明媚、善良不仅打动了年迈的呼韩邪，更打动了雕陶莫皋。他迎娶她，善待她，十一年后，复株累单于雕陶莫皋去世，为王昭君留下两个女儿作为两人情感的结晶和见证。

　　然而已经33岁的她不能再度接受再嫁的现实，她与呼韩邪的长子伊屠智伢师已经去世，两个女儿也有了各自的归宿。她不再去打扰大汉的皇帝，她要自己决断两度丧夫后的生命。在雕陶莫皋去世后不久，她便服毒自尽了。


　　王昭君远没有蔡文姬的幸运，有知己曹孟德千里迢迢将她迎回大汉。她的才德和生命只能播撒在远离大汉的蛮荒之地。在她去世后葬于大黑河南岸，墓称"青冢"。每年九月夏已初凉，塞外各地的草木已经枯黄，唯有昭君墓上依然草木青绿。"独留青冢向黄昏"，世人以杜甫之口对昭君寄托了追缅。


　　生活像一条河流，将一颗心划作两岸，左岸是花开花落、风轻云淡的舍予，右岸是喜怒嗔痴、患得患失的索求，中间流淌的是无尽的欲念和渴望。

王昭君的一生是复杂的，于大汉，她既是帝王的预备役嫔妃又是汉王朝的使臣；于呼韩邪、雕陶莫皋，她既是妻子也是友邻的使者。她以一己之身维系着两国的和平。面对人生的抉择，她在取舍之间绝不拖泥带水，既成全了忠义也成全了自己。

人生多舛，岁月多磨。总会有解不开的纠葛牵萦于心，总会有些放不下的执念挂碍于怀。你渴慕婚姻，就要做好放弃自由的准备；你希求陪伴，看着别人家的豪宅名车就得放平心态；图一个有情饮水饱，就得接受连喝口水都得打井的艰难。

孟夫子说，鱼与熊掌不可兼得，一场洒脱而精彩的人生大戏，并非遥远不可期冀，人生所承受的轻重决定于取与舍的比重，取与舍的比重决定于人心。与其在一扇已经关闭的门前挣扎得愁肠百结，华发早生。不如尝试打开另一扇窗，也许等待你的就是一场新的邂逅。

所谓人生，不过取舍而已。

# 班婕好：糊涂一次又何妨

其实在婚姻中，女人的情商远比智商重要，智商决定了女人的属性，而情商决定了女人的命运。懂得一张一弛的道理，才能将自己的一生打理得顺风顺水。

还记得《爱情呼叫转移》吗？一部电话，十二个女人。贤惠但一成不变的前妻，防备、自我保护意识超强的高菲，多金霸道的梁惠君，热衷于幻想的龙小虾，个个旗帜鲜明。拿到一部开了挂手机的徐朗也借此花丛里遨游一遍。

最后自己也困惑，他要的到底是怎样的一个女人？

这也算是给女人们出了一道难题，要贤惠还得百变，要多金还不能霸道，要理性却不能冷酷。既要经营得好自己，还得尽到为人妻母的责任，又得保证能时时刻刻收服得了老公。闺密说得好，这不是一部手机开了挂，而是让女人开挂。


说白了其实就四个字，收放自如。说起来简单，可做不到的女人还是比比皆是。汉建始帝元年，刚刚十六岁的班婕妤，也许终其一生也未必懂得这个道理。

16 岁的班婕妤以女官身份入宫。入宫时，汉成帝的皇后许氏诞育的一子一女相继夭折。而许皇后年逾三十，而 16 岁的班婕妤就是在成帝生出无可填补的遗憾时，适时地出现在他的视野里。


都说女人的气质来自涵养，班氏一族世代诗书戎马，养就了她一身浑然天成的贵气。而她自幼又殊为喜读诗书，工于笔墨，才情不逊于男子。她犹如诗经中走出的仕女，美丽典雅，庄容灵秀，端的是一朵摇月下风的解语花。

彼时以太后为首的王氏外戚干政擅权的野心已然显露无疑。汉成帝的政权时时因外戚干政所掣肘。帝王权柄的不稳使汉成帝时时苦闷，唯有班婕妤是他内心彷徨时的倾听者，也是他郁愤难言时心灵的阅读者。他与她之间不再仅仅是帝王与嫔妃，她是他的知己。

汉成帝对她的爱重与日俱增，他命人特制了一辆华丽宽敞的辇车，突然出现在她的眼前，高高在上地向她伸出手，邀她同辇而行。

与帝王比肩同辇而行，放诸在那个年代，也只有皇后才能得到这项特权。汉成帝此刻想的一定是班婕妤感激涕零地领受他赏赐给她的这份异乎寻常的殊宠。可是万万没想到，班婕妤拒绝了。

她立在辇车之下，臻首轻扬，一脸微笑地对汉成帝说："贤圣之君皆有名臣在侧，三代末主乃有嬖女。"意思是说，古代的贤王们都是由名臣陪伴在身侧，只有夏桀、商纣、周幽王才有嬖幸的妃子在座。她的话说得不可谓不和缓，也不可谓不委婉，可其中的意思再明白不过。如果我答应你的邀请坐上辇车，那么你和亡国之君又有什么不同呢？

作为嫔妃，班婕妤的贤良无可指摘。数十年后，晋代画家顾恺之以文为鉴画就了《女史箴图》十二段，第二段画的便是班婕妤辞辇的旧事，插题箴文："班婕有辞……防微虑远。"后妃之德，令人动容。以此来规箴当时专权跋扈的太后贾氏。

作为后妃，殊宠之下，能不恃宠而生骄已然是难得，更何况时时替君王的江山万代思虑深远，算的上与帝王同心同德。这样的人物，比之妲己、妹喜之流层出不尽的祸水在当时少之又少，实在难得。

而作为女人，面对配偶情感的自然流露，依然时刻忘不了放不下她的贤淑架子，难免显得不解风情。一个时刻像绷紧了的弓弦儿一样的女人，即便她貌美如花，也掩盖不了她的乏味和无趣。男人们望而却步，敬而远之便是再正常不过的事儿了．班婕妤从没觉得自己做错了，她不知道的是，她的盛世也正是在这一个高潮之后戛然而止了。


当时皇帝身边有个亲信叫张放，官拜侯爵富平侯。张放为人风流倜傥，又善于钻营，很得皇帝欢心。常常陪同汉成帝或于宫中遣怀，或一同微服出行。

鸿嘉三年，汉成帝造访阳阿公主府。席间歌舞，有一舞女，纤眉如画，凤目含情，粉面桃腮，鬓发如云。更兼之身形娇小，一舞蹁跹婉转如同掌上惊鸿。汉成帝在宫中何曾见过这样秾艳妩媚的女子，不觉情痴。阳阿公主见皇帝心动，正巴不得借此舞女全心趋奉，顺势将女子送给了汉成帝。

这女子姓赵，本名宜主，苏州吴县人士。在阳阿公主府学习歌舞，因其资质浓粹，舞姿轻盈如燕飞凤舞，又名飞燕。

赵飞燕的到来，正式宣告了班婕妤一个时代的结束。

相伴数年，班婕妤在汉成帝眼中不再是那抹明媚鲜活的风景。反而赵飞燕的俗艳妖媚流带给汉成帝前所未有的新鲜感。在赵飞燕那里，汉成帝尽可以将礼法拘束抛在脑后，纵情欢愉，肆意享乐。很快班婕妤就和其他后宫的女人一样，被遗忘在了增成舍宫。

所谓君恩如流水，流东复到西。当班婕妤眼看着当年自己得幸的戏码一成不变地又在赵飞燕的身上重演，自然不会忘记，自己如今重蹈的不过是许皇后失意的覆辙。

赵飞燕得幸不久，宫中便因一场巫蛊案，掀起了轩然大波。失宠已久的许皇后被赵氏姐妹合力告发在内廷行设坛祈禳的巫蛊之术，触怒了汉成帝，被废黜幽居在昭台宫。

班婕妤被无端卷入这场蓄意的构陷中，她被带到皇帝面前，跪在汉成帝的面前说："妾闻死主有命，富贵在天。修正尚未蒙福，为邪欲以何望？使鬼神有知，不受不臣之诉；如其无知，诉之何益，故不为也。"

她剖白于成帝。"我知道人的寿命长短是命中注定的，人的贫富也是上天注定的，非人力所能改变。修正尚且未能得福，为邪还有什么希望？若是鬼神有知，岂肯听信没信念的祈祷？万一神明无知，诅咒有何益处！我非但不敢做，并且不屑做！"

她不再是汉成帝心头的朱砂痣，但她的话还是打消了汉成帝的疑心。她太过刚直，所以汉成帝相信她不会为了恩宠行悖逆之事。她被赐予黄金百两，同时准予她移居长信宫侍奉王太后的请求。好在，好在，她还有当年的辞辇之德，得了太后的欢心。

当年辞辇一事为王太后所知，王太后盛赞其贤良，称"古有樊姬，今有班婕妤"。相传樊姬是春秋时代楚庄王的夫人，楚庄王刚刚即位时，喜欢打猎，常常置国事于不顾。樊姬几分苦劝无果，索性不再吃兽肉，终于打动了楚庄王，从此改过自新，励精图治。后来重用了樊姬推荐的贤臣孙叔敖为宰相，使楚国日益强盛，以三年的时间称霸天下，也成就了楚庄王春秋霸主的地位。

作为嫔妃，她不忘恪守贤德，作为臣下，她时刻为他谋虑。她因才学从后宫脱颖而出得幸于皇帝，最终却败给了皇帝空有美貌的新宠，落得自己秋扇见捐的一日。

她实在是有几分惶惑了。

也是因此她写下了《团扇诗》，"常恐秋节至，凉意夺炎热。弃捐箧笥中，恩情中道绝。"即便盛宠如新的时候，她也不曾有一刻气定神闲地享受着她与帝王的情爱。她活得太辛苦，连带着汉成帝也跟着上了夹板儿。就像电影里把徐朗吓得避之不及、逃之夭夭的高菲，回头教人想起来便寡淡少味，甚至不寒而栗。


十一年后，汉成帝驾崩于未央宫，不久后赵合德与赵飞燕先后自尽。一切的繁华与落寞瞬间烟消云散。十数年的宫廷生活，留给她的是独守帝陵的冷寂。她苦守了他半生，终于在阴阳两隔后，他再次独属她一个人。她的心念牵系在冰冷的陵墓前，生与死，再没有了任何意义。

五年后，年仅40岁的班婕妤以一杯浊酒了却了自己的生命，落幕了苍凉的一生。


班婕妤像是《爱情呼叫转移》里的前妻和高菲的结合体，不是不贤惠，不是不聪明，而是把自己绷得太紧，从没学会张弛有度的道理。

其实在婚姻中，女人的情商远比智商重要，智商决定了女人的属性，而情商决定了女人的命运。懂得一张一弛的道理，才能将自己的一生打理得顺风顺水。

　　于女人也好，于生活也好，需要的不是智商而是智慧。生活里哪那么多的锱铢必较，偶尔睁一只眼闭一只眼，反而将这世情看得更独到。郑板桥说"难得糊涂"，该坚持的原则，一刻不丢。生命里的美好时刻，也不会遗漏错过。这样的人生，才能被称作完满。

# 阴丽华：守得住，才是幸福

生同寝，死同椁。她与他，是王朝缔造的同盟和伙伴。

他于她不是君王，而是死生相守的丈夫。她于他不仅是嫔妃，而是全心全意想爱的妻子。在爱情和上帝面前，他们的灵魂始终平等。

1959 年的一天，梅兰芳与夫人福芝芳同游香山，梅兰芳说想死后葬在香山。一旁陪伴的福芝芳以为丈夫随便一说便接口道："您老百年后还不是被请进八宝山革命公墓？"不想梅兰芳不无担忧地说："我如进了八宝山，你怎么办呢？"一句话说得福芝芳的泪水夺眶而出。所谓死生契阔，与子同说便是如此吧。前有王明华的倾身相辅，后有孟小冬的痴恋纠缠，而最终能执子之手，与子偕老的人唯有福芝芳一个。

幸福这件事从来没有先来后到。谁笑到最后，谁就笑得最好。能得到还不够，像福芝芳一样守得住才是幸福。能守住不简单，往千百年前追溯，除了一个福芝芳，还有一个阴丽华。

阴丽华，要从流传甚广的那一句"仕宦当作执金吾，娶妻当得阴丽华"说起。王莽新朝初年，十余岁的刘秀奔赴长安求学，恰逢主管京城戍卫的执金吾在长安街头巡行。执金吾盛大的巡行队伍激起了少年刘秀渴慕功名的雄心。古人说建功立业，才子佳人。执金吾和阴丽华就成了少年刘秀功成名就的美梦里两个不可或缺的功业和佳人的缩影。

得以结识阴丽华要感谢刘秀的二姐刘元早年嫁与邓晨的婚事，借着这段姻亲关系，本来无所牵涉的两个人，才有了第一次邂逅的机会。

与爱人经过十年爱情长跑终于修成正果的李小鹏曾描述与14岁的李安琦初次在美国相识的那一刻："当她第一次出现在我的视线当中，我感觉整个时空都停止了转动，电影、小说里所描写的场面真实地发生在我的身上，她高挑的身材、恬静的面容和那与众不同的气质震撼了我,那一刻我便清楚地知道，她就是我想要的女孩。"

　　年方10岁的阴丽华也打动了身为西汉王朝末代后裔的刘秀。

　　阴丽华与刘秀的长跑也经历了十年，十年后29岁的刘秀迎娶了19岁的阴丽华。适逢乱世，即便官拜太常偏将军的刘秀也无法给予阴丽华稳定的生活。

　　在兄长刘縯筹谋起兵反新莽王朝被害后，刘秀的人身安全也是朝不保夕。为了打消更始帝刘玄的疑心，刘秀表面上要对兄长的死无动于衷，然而私下里的苦闷和郁结冲散了两人新婚燕尔的喜悦。

　　为了纾解丈夫的不快，阴丽华日日与之对饮、长谈。鼓励丈夫北上洛阳去开辟一番伟业。刘秀失意已久的一颗心便在妻子的抚慰和陪伴之下渐渐伤愈复合，建功立业的壮志在他心中有如蜷居已久的幼鸟，日渐丰满羽翼，终于破巢而出。

两人新婚三个月后，刘秀受更始帝所遣前往洛阳。刚刚享受了三个月婚姻甜蜜的阴丽华被送回新野娘家。刘秀此番前去必然是千难万险当阻，十年的爱情长跑后，刘秀不能兑现与妻子长相厮守的誓言，乱世当下，他能做到的唯有佑庇她一身平安。

　　其实阴丽华何尝不希望能够与丈夫朝夕相伴，只是她太深明大体，她的丈夫不是盘桓于儿女情长的凡人，他有宏图大业要展。这世间有一种爱叫作占有，有一种爱叫作成全，阴丽华属于后者。她也因此得到了丈夫最深沉的牵挂和眷念。

　　只是世事向来难料，岂止阴丽华，连刘秀都没有想到，经此一别之后，两人再相见境况翻覆又怎是一个物是人非可以言尽的。

　　前往洛阳的刘秀在不久后接到更始帝的新任命，命令他镇慰河北州郡，平定假冒汉成帝之子的反对新莽政权的乱党。在平定了河北数县后，为了一举推翻河北当地乱党争权的现状，刘秀不得不与拥有十数万军队的真定王刘杨达成同盟，而作为结盟的条件，是要刘秀迎娶刘杨的外甥女郭圣通。

　　阴丽华仿佛是京剧《红鬃烈马》里王宝钏的翻版。王宝钏苦等薛平贵十八年，等来的是封王的丈夫和代替自己陪伴丈夫十八年的代战公主。阴丽华三年的等待过后，迎接的是已经登上帝位的丈夫和业已育有子嗣的郭圣通。

古诗云"悔教夫婿觅封侯"，三年前阴丽华鼓励丈夫出去开辟一片天地的情境历历在目，而今终于盼到丈夫衣锦还乡，却不想早已有了另一个女人代替了自己的位置。王宝钏十八年后与薛平贵相聚，却在十八天后死去，除了长年凄苦的生活对她身体的摧毁，代战公主的出现，对她坚贞不渝的爱情和信念也是致命的一击。

阴丽华不是王宝钏，面对郭圣通，她接受的平静而泰然。

她对刘秀说"我知道你娶郭圣通是逼不得已，为的是天下黎民、江山社稷。"把刘秀感动的无可不可。阴丽华轻飘飘的一句话，将刘秀对郭圣通积攒了三年的感情，在一夕之间摧毁殆尽——位子、票子、儿子都比不上阴丽华这样一个懂得自己的人来得更重要。

何况，刘秀之于阴丽华是三年的背叛，而阴丽华之于刘秀却是三年的坚守。这里面的愧疚之情在两人相聚的一刻，已然从刘秀深藏的内心角落里喷涌而出。

刘秀封其为贵人，与出身显赫、育有长子的郭圣通平起平坐。又封阴丽华兄长为阴乡侯，使阴氏家族在建武政权的爵位高于郭圣通娘家。

改元登基的汉光武帝刘秀需要在两个女人之间选出一个国母，即便朝堂上下更认可郭圣通的资历，然而，刘秀的所有准备工作分明将他心目中皇后的天平倾向了阴丽华。

却不想，对于皇后的宝座，阴丽华固辞而不受。

将送上门来的皇后王冠拒之门外，她的理由只有一个："我没有孩子，郭圣通有孩子，还是她当皇后更好。"

别说刘秀，就是郭圣通也想不通会有这么大个馅饼毫无预警地直接掉到她头上。

其实这其中的道理再简单不过：在刘秀这个大 Boss 身边，郭圣通无论从资历上还是从业绩上都远胜过阴丽华。阴丽华能把握的只是刘秀心中的一点儿愧疚和怜悯。然而单靠一个男人的愧疚和怜悯能走多远？

所以阴美人儿走的是以退为进的路数，暂且让位给郭圣通，既彰显了自身贤德，又给了自己一个喘息和筹备的好时机。

你得到的是皇后的空名，而我得到的是令这个男人牵萦一生的爱。这一步棋，阴丽华走得不可谓不精妙。

建武元年郭圣通被封为皇后，所生长子刘疆被封为太子。

而他的原配阴丽华被封为贵人，名分虽低人一等，然而恩遇却盖过了身为皇后的郭圣通，成为实际意义上的后宫第一人。

刘秀每逢出征必带阴丽华同行。建武四年，刘秀出征，阴丽华陪同前往。三年的缺席成了刘秀对阴丽华一辈子的亏欠，他再不能容忍与她有一时一刻的分离。

他们接连生下五个儿子，长子出生时刘秀见他遍体通红、丰下锐上认为其有先贤圣君尧的遗风，以皇朝国运所系为由以阳字为其命名。

建武十三年，刘秀在刘阳10岁之时摸着他的头说"吴季子"。吴季子是吴王寿梦的第四子，本来没有资格继承皇位，但寿梦却希望他继承。刘秀如此期望于阴丽华之子，显然是子以母贵，他与阴丽华的第一个儿子，才是他心中当之无愧的"第一子"。

阴丽华不动声色，却将本来旗开得胜的郭圣通一步一步逼到了死角。

建武九年，阴丽华母弟被叛军和盗贼劫持，在被官府捕拿时，遭盗贼杀害。阴丽华丧亲的哀痛激起了刘秀对她无尽的怜惜。

母弟的死为她铺就了登上皇后宝座的最后一步阶梯，也成为压垮郭圣通的最后一根稻草。

阴丽华母弟死后刘秀下诏，直言有"母仪之美"的阴丽华才是皇后的最佳人选，而郭圣通之所以能坐上皇后的宝座，完全是因为阴丽华"固辞"的结果。刘秀的诏书让本来端坐国母之位的郭圣通成了个笑话。

就像孟小冬在与梅兰芳分手后发表的声明说梅兰芳"不能实践前言，致名分顿失保障……冬自叹身世苦恼，复遭打击……"一代冬皇的傲然都化作一腔悲愤，又何尝不曾沦为一场笑谈。

福芝芳与阴丽华，孟小冬与郭圣通。前者予婚姻以抚慰，后者予婚姻以戈矛。一面是温煦融融的避风港湾，一面是寒光凛凛的刀剑相向。一身疲惫的男人到底愿意倒在谁的怀里，不言而喻。

建武十七年刘秀废后。斥责郭圣通性如"鹰鹯"，屡屡加诸阴丽华母子以苛待，不具备国母之德，被废为中山王太后移居北宫。十余年前阴丽华的一场成全，看似成全了郭圣通，实际打郭圣通登上后位起，她的宿命便已注定。她不过是阴丽华前行的道路加长了缓冲条，却不能永远阻碍她前进。待阴丽华将能量加载完毕，她的篇章也正式开启。

登上后位的阴丽华半分不曾薄待被废的郭圣通，并且恳求刘秀善待郭圣通及她的五个儿子，郭圣通母子因此在失意后的余生没有受到半分苛待。刘秀亦在郭圣通废居移宫之后，亲自造访郭府，给予郭氏一族以无上的恩赏和荣宠。这何尝不是阴丽华的劝解之功？

在这场婚姻的遭遇战里，她作为被伤害者的隐忍和宽容激起了刘秀无尽的愧疚和怜惜。经过漫长的等待和守候，作为这场遭遇战里的胜利者，她的大度和仁善足以在未来的岁月里，在刘秀的心里扎下根。

阴丽华被册封两年之后，其长子刘阳被册封为太子，前太子刘疆退位东海王。建武中元二年二月，汉光武帝刘秀驾崩，太子刘阳即位为明帝，尊皇后阴丽华为皇太后。七年后，阴丽华驾崩，与刘秀合葬于原陵。

生同寝，死同椁。她与他，是王朝缔造的同盟和伙伴。他于她不是君王，而是死生相守的丈夫。她于他不仅是嫔妃，而是全心全意相爱的妻子。在爱情和上帝面前，他们的灵魂始终平等。

古往今来，好男人就像千里马是稀缺物种。刘秀是个不可多得的好男人，能力非凡，志向远大，重要的是他重情重义。

所以阴丽华所做的所有努力才没有白费。然而之于刘秀，阴丽华又何尝不是他终其一生不可多得的瑰宝？

现如今，太多的姑娘抱怨自己找不到 Mr.Right。其实这世间哪里有绝对的 Mr.Right，连刘秀这样的男人，离家三年尚且为了千秋伟业做了一回负心汉。自问有多少姑娘能有阴丽华这份儿胸怀气度。韩愈说："千里马常有，而伯乐不常有。"把握得住，好男人就是你的；把握不住，即便是你的千里马也有可能转投旁人怀抱。阴丽华这一生美满的秘诀没有多高深，守得住心，才守得住人；守得住，才是幸福。

# 蔡文姬：在强加的婚姻中绽放

居于南山之下，半掩柴扉，十里稻花。茅檐低小，一粥一饭，长相厮守，天伦之乐。年少时相夫教子一生一世一双人的期许，虽然实现得晚了点，到底未成了遗憾。

从前读杜牧的《赤壁》，读到"铜雀春深锁二乔"，连讲台上的老师对铜雀台，对江南二乔的境遇和结局都讳莫如深。那时便觉得曹操真是不堪，周瑜若战败，他的二乔便深锁，真是个古今闻名的好色之徒。后来从稗官野史里读到了甄宓，又有父子争夺袁熙美貌亡妻的逸闻，自此曹操"寡人有疾"，"寡人好色"的罪名就坐实了。

　　待再大些读到曹操千金万金地迎回被掳掠了十二年的蔡文姬，又不禁问一句，那么文姬呢？

　　年少时的曹操，师从于蔡邕。蔡邕有女，名琰，字文姬。秀外慧中的小小才女。彼时，他与她端的一双才子佳人。在蔡文姬嫁与卫仲道之前，年少的曹孟德是唯一见证她的青春与美好的少年郎。在那么静谧而温柔的岁月里，怎会没有一次，在一个沉睡的午后，芭蕉深深，微风细细，他展眼，她回眸，彼此心生惊艳？

　　蔡文姬貌美，文姬的美必不差于卫夫人的肤如凝脂，螓首娥眉。又自带几分腹有诗书气自华的风流，纵然不如李清照回首嗅青梅的娇俏可人，但胜在娴静端庄有班昭遗风。这样的女子太完美，最适合娶回家做妻子。造就一段琴瑟在御，莫不静好的佳话。

只是，这些美好都没能属于曹孟德，那时候他的雄才大略都被寒微的身世牵绊，尽管才华与情愫兼备，蔡文姬也只能是他抬头仰望的凌霄花，再美好，再深情，也注定不能为他所摘。何况，蔡文姬也未必有卓文君的胆色，义无反顾地抛却家门名声与他私奔而去。

世间的很多事都在一念之间，如果曹操不顾封建礼法迎娶了蔡文姬，而蔡文姬又孤注一掷地嫁了。许多年之后，就不会有胡笳的悲音迎着朔风，将一个女子的哀伤千古吟唱。

生活容不下任何的如果，蔡文姬到底没有任性的置万事于不顾，她遵从了父母之命，媒妁之言，嫁给了河东卫仲道。同样出身于名门望族的卫仲道，亦是个风流才俊多情儿郎，和蔡文姬更像一对天造地设的佳人。

蔡文姬嫁了，绣衣罗裙红盖头，年少的情愫成了她的过眼云烟，将她用一顶花轿载进新生活的才是她命中系定的毕生良人。

如果能这样长久也好，不必扬名立万，也不必青史留名，从相夫教子到含饴弄孙了此一生，未必不是一场平安喜乐。只是好景不长，不过一年，卫仲道咯血而死，17岁的蔡文姬，经历了短暂的婚姻后，成了卫氏的遗孀。

卫家当然不会承认自己隐瞒了儿子一早就患了肺痨的实

情，就这么理所当然地把克夫的脏水泼向了年少寡居又无子的蔡文姬。克夫的名声有多难听，卫家的脸色有多难看今人不得而知，只是一向温良恭俭的蔡文姬骨子里、血液里那点文人的傲然全被激发了出来，不顾蔡邕的强烈反对，收拾细软回了娘家。

回到娘家的日子也未必有多么的安好，诗书琴棋花鸟也许能抚慰一时的失意，更长久的落寞和孤单太需要一段新的感情来加以填补。孀居的卓文君适时地遇到了胆大的司马相如。但是命运没有给蔡文姬寻找新伴侣的机会，甚至老天连闲适的日子都所赐不多。文姬回家后不久，蔡邕遭司徒王允陷害，入狱含冤而死，蔡家老小连留在长安也不能，只能混在百姓逃难的人流里，不情不愿地踏上回乡的路。

在这条回乡的路上，蔡文姬遇到了她人生中最大的劫难。


其实在蔡文姬被押赴的数十年前，有一位西汉宫廷里走来的女子，被冠以公主的封号，也远赴了他乡。言语不通，殊俗难易，汉廷里含苞待放的花朵还未来得及盛放便已行将枯萎。年轻的公主对着朔风哀叹一歌，悲愁流转了千年，所经的悲惨境遇，全都原样落在了蔡文姬身上。

蔡文姬的去路比乌孙更遥远，当时里，那里没有肥沃的土地，也没有丰美的水草，只有卷裹着碎石和黄沙的寒风，刺痛了少女娇嫩的脸，吹皱了眼里盈盈的泪。一望无际的原野上充斥着野性和荒蛮，数十年前的细君公主尚且得知远嫁的是乌孙王，那么当时的蔡文姬呢，她是被虏掠的奴隶，她的去路在何处？

幸好，幸好，她遇到了左贤王。

左贤王怜惜蔡文姬的美貌才华，在一众容貌出众的汉族女子里，对她的宠爱尤为深厚。

只是，左贤王再优渥的宠眷也抹却不了蔡文姬心底的悲苦哀愁。她的眼纵然没有了泪痕，却添了抹不去的失意。镇日向着长安的方向遥望，心念，幻化作了啼鹃，在日复一日的期盼里，滴下血来。

其实长安又有多可爱呢，她的悲苦几乎都起始于长安。只是应了张爱玲的一句话：因为一个人，爱恨一座城。女人的故土情节和家园梦想从来都是情感的附属。爱情，是女人心底抹不去的一块心病。

于胡地，蔡文姬是被掳掠的俘虏，便是有左贤王的宠爱也湮灭不了心中去国离家为人奴隶的屈辱恨意。正是这屈辱和恨意，叫她永生难平，故国，便有了十足热爱的理由。除却文人的傲然与情怀，故国那个阔别经年的男人，让她有了更多的对故国的期许。

只是，这期许是那样的长，叫她一等，就是十二年。

　　那时天下三分局面基本已定，彼时的曹操雄踞天下一方，是有了王侯之实的丞相。而与匈奴多年的对峙和战乱，也稍稍得已喘息。这太平盛世，她，大概是他最想与之分享的人。所以千辛万苦搜寻到她的一点儿消息，便迫不及待假托蔡邕之名，遣使臣以金璧易文姬还。

　　此时蔡文姬已与左贤王育有二子，相连的血脉让她在这片土地上扎了根。这一方有与她举案齐眉的夫君，就算左贤王不足惜，她还有孩子。这一去，母子相别，再见无缘。乍闻汉使初至的喜悦早已被去留难舍的哀伤冲淡，身前是拉着她衣襟泣涕不休的幼子，身后是那个人派来迎她归汉的车马，是去是留，这纠结苦楚能与谁共言？

　　颠簸在那条曾经掳掠她的来路上，身后胡地的荒烟漫草，长年不变呼啸的野风，卷着沙，裹着石，拍打着车篷，端坐在车中的蔡文姬，听着那卷裹着的凛冽的风，风声中仿佛还掺杂着一双幼子泣涕嚎哭的余音，萦绕于耳畔胸襟，像一曲悲怨的胡笳，凄清哀婉，撕裂心肠。

　　胡地有笳，与古琴相似。这一腔的锥心刺骨，化作笳音一十八拍，倾泻了一路的凄婉哀伤。

十八拍书罢，眼前已然是旷久不见的家乡，来迎接蔡文姬的是曹操。当年的白衣书生已然是当代枭雄，一个是鼎足争霸的主，一个是刚刚脱却贱籍的奴。蔡文姬怀着一腔情意抛夫弃子归汉，却在见到那心心念念的人的一刻，才懂了什么叫世事弄人。

曹操能给予蔡文姬的也许就这么多了，十数年的坎坷，蔡文姬不是那绣楼之上待字闺中的才女闺秀，曹操也不再是青衫萧索的求学书生。在最好的年华相遇又错失，难料的乱世，奢谈不了爱情，他给她的，只能是他认为的最好的依靠——屯田都尉董祀，年少才俊，俊逸风流，不失为一个如意良人。

有时候感情就是如此吧，太过纯粹的感情都带了一点儿不知世事的无畏。待到世易时移，阅尽沧桑后，还能够替彼此谨慎斟酌，而后用心给予，反而比无知无畏更加珍贵。

蔡文姬是个清醒的人，她太明白，她不可能再走进他的生活。与其纠缠，倒不如两不相扰，反而能够保留住过去对彼此那些美好的情感。所以，他给予的，她都安然接受。

建安十一年，业已35岁，历经两嫁的蔡文姬与二十几岁的未婚青年董祀在权力的促成下结合。经历了多年的离乱与孤苦，蔡文姬对于新生活的美满和平静有着诸多的期冀。只是期冀并不那么如愿，蔡文姬红颜已逝，而董祀方兴正艾。这门婚事对蔡文姬而言有多么完美，在旁人眼中就有多么的不匹配。

女人都是敏感的，董祀的敷衍和轻慢，到底还是瞒不过她。

可是洞晓了又能如何？这段婚姻对董祀而言本来就是迫于强权，能够答应实属勉强。又如何强迫他去全心全意地爱一个年长他近十岁，嫁了三嫁的女子。

没有什么比苦难更能令人强大。蔡文姬不再是那个被卫家责难，宁可违背父命，也要逃奔回家的小女子。她学会了理解和包容，听闻董祀被曹操治罪即死，便直奔曹操而去——她寻求他的庇护和宽宥，不是为了自己，是为了那个不真心相对的男人。

她太清楚，董祀获罪致死，全然是因为她。

时值隆冬，昔日才名卓著的蔡邕之女，首次亮相在众人眼前，偏偏不是清风傲骨、才气风流的才女模样。她只是一个蓬头赤足替丈夫求情的妻子，一步一叩首，音辞清辨，辛酸哀婉。她的盛名和形容太不相符，闻者见者自然无不动容。她靠着自己的凄清哀婉的请求去打动曹操，求他放过她获罪的丈夫，纵然董祀于她并无真心，可却因她而获罪，她于心不安。

她还是了解他的，果不其然，曹操心软了，赐给她一套鞋袜头巾，派一人一马去追回早已下发的降罪文书。

死罪的文书尚未降至董祀，蔡文姬就已然知晓，到底是谁传递给了她消息？她不问，他也不必说。他给她的，她都欣然接受。当庭背诵誊抄蔡邕藏书四百篇，成全了曹操对师道依然的敬仰，蔡文姬对他倾尽相待的报答和感激，也成全了一个女人对于男人最恰当的情意流露。

我对你只是感激，并不涉及情事。你我各有各的生活，我能报答的已全然交付，你有你的雄图伟业，而我，只想守着一段岁月静好，做一个纯粹的女子。


而之于董祀，对蔡文姬所有的感激和报答，没有比悉心的爱与呵护更适当。曹操的心意总算因着这四百篇书和董祀一条死里逃生的命没有被全然辜负。董祀死里逃生后，对文姬的感激和敬佩终于升华成了情意。

居于南山之下，半掩柴扉，十里稻花。茅檐低小，一粥一饭，长相厮守，天伦之乐。年少时相夫教子一生一世一双人的期许，虽然实现得晚了点，到底未成了遗憾。

张爱玲说，爱上一个人会变得很低，低到尘埃里，再从尘埃里开出花来。追溯上几千年，一生坎坷的蔡文姬，以她独有的聪慧和清醒，不仅尘埃里开出了花，还将她本该凋零不堪的人生，绽放出别样的动人。

# 谢道韫：一面才情，一面英勇

独居会稽后，面对着山河破碎、子散亲离的残景，谢道韫依旧能传道授业，安和度日。

不是不哀伤，却不能让生活成为哀伤的佐料。生活本身是一场博弈，与其厮杀个你死我活两败俱伤，不如将它调剂成一盏清茶，浅啜慢饮，苦乐得宜。

2011 年，上海美术馆举办世界舞美大师李名觉舞台设计回顾展。无数慕名者来拜谒这位创造了《麦克白》《等待戈多》等众多享誉世界作品的舞台设计大师。也有更多老派的上海人，通过这场展会来寻找李名觉母亲的身影。他的妈妈，是当时上海滩名媛中的翘楚。时至而今，依旧有人为她当年的盛世风华津津乐道。她是唐瑛，旧时光里一辈子的美人。

做一个十全十美、多才多艺的美人有多难，简·奥斯汀在《傲慢与偏见》中说："她必须通晓音乐、歌唱、绘画、跳舞以及现代语言，才称得上多才多艺。"即便时光老去，她却在时光中韵致卓绝，光彩依旧。比如唐瑛，比如谢道韫。

东晋有四大家族，王谢算得其中翘楚。刘禹锡作《乌衣巷》"旧时王谢堂前燕"，能与琅琊王氏比肩的，唯有陈郡谢氏。

谢道韫出身谢氏，叔父谢安官居宰相，导演了一场以十万胜百万的"淝水之战"青史留名。父亲谢奕与枭雄桓温交好，官拜安西将军。哥哥谢玄是"淝水之战"的主帅。正所谓"谢家宝树"，一语将谢氏一族的风光尽收眼底。

东晋世族好风雅，守着红泥小火炉，温着绿蚁新醅酒，就和着盈门的风雪，与儿女子侄们相聚清谈，指着漫天的飞雪作比，这才有了谢道韫传世千古的"未若柳絮因风起"。寥寥七字，将个心思婉转，卓然飘逸的小姑子跃然于词句间。

《太平御览》中说"谢夫人神情散朗，故有林下之风"。骨子里的清雅灵秀，耳濡目染的名士风范。这是上天赐给谢道韫的礼物。她的出身注定了她的高贵优雅。就像唐瑛，20世纪70年代回国时已年逾花甲，却依然风华不减，气度雍容。那是几代养尊处优才能沉淀出来的气质。

做美人难，做一辈子的美人更难。心灵鸡汤告诉我们，女人的内在修养是重中之重，殊不知外在环境的熏陶决定了内在修养的起点和最终段位。做美人，除了多才多艺，有时候还是需要那么一丁点幸运的。

出身不仅仅决定了她的气质修养，也决定了她一生的婚姻归宿。

王羲之有七子，以五子徽之、七子献之最为出名。传说，谢安替谢道韫把关婚事时，最初选择了王徽之，而后因其"乘兴而来，兴尽而返"的疏狂不羁才选择了朴实本分的王凝之。后来谢道韫为王徽之舌战群儒，又有人说其实谢氏女真正心系的是王家五郎。

然而不是所有的才女都要经历琼瑶式的离合悲欢。谢安素称"江左风流宰相"妻子刘夫人屡屡戏弄于他而不恼。这样一个风流不羁的才子，当然不会因为王徽之的洒脱不羁而将侄女另许他人。后人认为谢道韫与王徽之才貌相当，却无奈"卿生我未生"，才一厢情愿杜撰了琼瑶式的故事臆想。

可惜这场看似完满的婚姻，缔结的分明是两个世界的人。


嫁与王凝之不久，谢道韫回到娘家，面色愀然。亲手缔结了这段姻缘的谢安觉得奇怪，问及原因，谢道韫倒也老实不遮掩："一门叔父，有阿大（谢尚）、中郎（谢据）；群从兄弟复有'封胡羯末'，不意天壤之中乃有王郎！"

但凡是女子都做过白马王子的梦。何况是谢道韫，王家遍地都是才子，谢氏也是满门书香，出身高级知识分子家庭的谢道韫，无论如何也想不通，以才名卓著的王家竟然会有王凝之这样平庸不思进取的人。


张爱玲回忆父亲时说：一个郁悒的中年人，绕着堂屋一圈一圈的里转，拖长了音调念分辨不清的唐诗宋词。张爱玲仿佛用笔触替千年前的王凝之画下一幅肖像，风发的意气从他的身上消失得杳无痕迹，取而代之的是听天由命的消极和沉闷。

《红楼梦》中说："叹人间，美中不足今方信：纵然是齐眉举案，到底意难平。"当金玉良缘成了幻影，然而生活还在继续，理性如谢道韫深知，一场婚姻不仅仅是两个人的事，而是关乎着两个家庭。

望着终日踏星步斗，拜神起乩的丈夫，谢道韫没有像朱淑真一样，对丈夫不满意，卷着行李卷就回了娘家。率性任性只能是生活的调剂，即便有，也当如昙花一瞬。想做一辈子的美人，人生时时拎得清更为要紧。

她照旧做着她的贤妻良母，上奉高堂，下慈弟妹。连不甚中意的丈夫，她也尽心去规劝督促，借着谢家的助力，让王凝之从一个小吏做到了主管一郡军政大权的会稽内史。于媳、于妻、于嫂，她不能不被人称道。

她也没忘了做婚姻之外的自己。东晋清谈之风日盛，鸿儒济济一堂，一杯清酒，一缕茶香，便足以阔谈怡情。一日王徽之聚众清谈，一时技拙落了下风，谢道韫刚好经过，一半是解围，一半是技痒。遂以侍女进言徽之，愿助其一臂之力。徽之即刻设幔帐，谢道韫安坐帘后，从容不迫引经据典侃侃而谈，一众座客竟无言以对，理屈词穷而甘拜下风。

所谓上得厅堂，下得厨房是怎样一副风雅贤淑模样？谢道韫早在千百年前就为天下女人做了示范。

晚年独居会稽时，时任会稽郡守的刘柳拜访，谢道韫粉黛不施，素衣素袍，坐在帷帐之内，与刘柳侃侃而谈。论及平生坎坷，哀而不伤，气质高迈，丝毫不见晚年罹遭家变的委顿。与动辄焦虑得如同滩涂前浪的女人们相比，她气定神闲，她像一颗珍珠，即便蒙尘，即便跌宕，却始终不能掩其光华。

令她哀而不伤的家变，起源于孙、卢并起的那一场祸事。全盘打破了她悉心经营的平和人生。

东晋隆安三年，孙恩、卢循起义爆发。时任会稽内史手握兵权的王凝之，坚持不相信与他同样笃信五斗米道教的孙恩会造反，闭门祈祷道祖能保佑百姓不遭涂炭。

不久，孙恩大军长驱直入冲进会稽城，王凝之见他苦苦祈祷的天兵天将还不见踪影，这才着急起来，连妻子谢道韫都顾不上，仓皇出逃，刚刚跑到城门口，就被贼兵抓住，糊里糊涂地被砍了脑袋，四个儿子也跟他一同遇难。

当人生的平安喜乐被天灾人祸摧毁，当梦想被现实的冷水兜头，是哀嚎挣扎、寻死觅活，还是处变不惊、临危不惧？有时候，你选择了怎样的态度面对生活，生活也会以同样的面目报之与你。

目睹丈夫与子女的惨死，谢道韫手持兵器带着家中一干女眷抵抗叛军。寡不敌众被俘后，誓死保护怀中三岁的外孙，厉喝："事在王门，何关他族？你们如果要杀这个孩子，就先杀了我吧！"面对生死，她迸发出的英勇和果敢令反贼孙恩也颇为动容，保住她与外孙的性命，一并送回会稽安度余生。

这世间有两种女人，一种是被生活压得喘不过气，终日里柔肠百结，华发早生，一有变故便痛不欲生，方寸大乱；一种是懂得生活的经营之道，如花临水，平和安然，乍逢大变也能处变不惊，筹幄得当。

《蜗居》中的郭海萍抱怨："你以为我想当泼妇呀？哪个女人不想仪态万方，美美地坐着呀？什么样的男人决定你有什么样的命运，嫁给什么样的男人你就是什么命。就算我是泼妇，也是苏淳一手培养出来的。"

当生活让大多数的女人都活成了前者，能够清朗如同月夜暗香浮动的女人就更为可贵。女人的从容优雅，并不来自衣食无忧的生活，完满富足的婚姻，乖巧听话的孩子，而是来自自己由心而发的理性和智慧，孕育出一段别样的风骨，时时拿得出拈花一笑般打动心魄的淡然。

独居会稽后，面对着山河破碎、子散亲离的残景，谢道韫依旧能传道授业，安和度日。不是不哀伤，却不能让生活成为哀伤的佐料。生活本身是一场博弈，与其厮杀个你死我活两败俱伤，不如将它调剂成一盏清茶，浅啜慢饮，苦乐得宜。

当了一辈子女神的林青霞说，真美人无须 Mr.Right。真正的好女人，怎么活都是美好，苦与乐，都只跟她自己有关，她碰到任何男人都是那些男人的福分，于生活，她们自有一份勇敢担当，无论有没有 Mr.Right，她们都走的缤纷精彩。

# 徐昭佩：有一种爱叫伤害

有太多的夫妻，把日子过得跟淘宝交恶的买家卖家一样，为着一点儿瑕疵，对骂不断，互不退让，好像当初选择枕边人的不是自己。

十几岁的时候看射雕，记得瑛姑白发飘飘如同魔女，性情暴戾急躁，阴鸷狠毒，为报仇而借刀杀人，看不出一点儿可爱，却偏偏是全书里唯一和周伯通能扯上密切关系的女性。后来读了她的《四张机》"鸳鸯织就欲双飞，可怜未老头先白"，才知道她的暴戾也好，阴鸷也罢，都是值得原谅的。毕竟，和徐昭佩一样，她也是一个为爱而狂，被寂寞逼疯了的女人。

嫁与萧绎成为湘东王妃的时候，徐昭佩也不过豆蔻初成的年纪。彼时，萧绎刚刚10岁，两人与其说是夫妻，倒更像是姐弟，抑或者玩伴。

年少而无关乎权力和情事的时光总是美好的。有多少夫妻能有这样美好的厮守，世事尚且蒙昧不知，却拥有着相同的岁月，共同见证彼此成长的喜怒哀伤。爱情，仿佛一颗幼苗，生根，发芽，枝叶渐渐繁茂，慢慢开出花来。

十年后，两人的缔结终于孕育出甜蜜的果——忠壮世子萧方等和女儿益昌公主萧含贞相继出生。然而果实刚刚开始成熟甜美，一切却似乎戛然而止了。

"郎骑竹马来，绕床弄青梅"的美好只能专属于年少，一双子女落地后，这对少年夫妻的情意却渐渐淡薄起来。

萧绎是梁武帝萧衍第七子。梁武帝笃信佛教，曾经三次出家，三次被赎身再为皇帝，除了天天诵经念佛之外，更常往同泰寺讲经说法，常常夜以继日，不知疲倦。也许是老爹对信仰的高度崇尚也间接影响了萧绎，这位少年对政治了无兴趣，当梁武帝在建康城西设立士林馆，延集学者讲学论文时，萧绎也在风光旖旎的江滨，天天与文人雅士谈玄说道。

萧绎是个天生冷清寡淡的人，镇日蕴佛祖于心，她的秾艳多情就未免显得不合时宜。她索性不再浓妆艳抹，换下了霞丽衣衫，布衣淡妆的参加丈夫的诗酒会。与皇子相邀唱和的当然都是当时的博学鸿儒，且南北朝重颜色，即便男子才学与美貌兼重的亦不在少数。

在这些才貌兼具的重量级的知识分子前面，她那一点儿小才气显得微不足道，他们根本不把她放在眼里，她纡尊降贵的曲意逢迎，反而成了他眼中无聊的附庸风雅。

其实她也是出身高贵的世家女子。《南史·卷十二·列传第二》中记载，"元帝徐妃，讳昭佩，东海郯人也。祖孝嗣，齐太尉、枝江文忠公。父绲，侍中、信武将军。"萧绎是皇子又如何，徐昭佩的祖父徐孝嗣是萧齐的太尉，父亲徐绲是萧梁侍中，驸马都尉信武将军。徐家南朝四朝出了多位驸马，足称显贵之家。

自出生到而今，这样的冷落和委屈，于徐昭佩也是开天辟地头一遭了。

　　据史书记载，梁元帝眇目。天潢贵胄如何，放在现今估计算得上是六等残疾。以徐昭佩的姿容性情，嫁给一个"独眼龙"当然不甘心，可令她更不甘心的是，这个男人竟然还敢忽视她。于是徐昭佩在萧绎来看望她时，做了个一个大胆的举动——半面妆。

　　当时还是湘东王的萧绎偶尔想起了冷落许久的她，跨入她的房门，一抬头，却正看见徐昭佩那张只画了半边妆容的脸，一半浓艳可人，一半素颜朝天。她还公然羞辱他的短处，说："王爷只有一只眼，只能看我半边脸，我画半面妆就行了。"如何能忍，如何能忍？萧绎一气之下拂袖而去。

　　她的大胆行径令侍女们终日诚惶诚恐，她倒不怕，只说："王爷父子讲仁义，说道德，断乎不会因这样的小事焚琴煮鹤，顶多只不过是逐出宫会，眼不见心不烦。这样也好，与其维持有名无实的夫妻生活，倒不如另外择人而嫁。"

　　明明是爱重他的，却硬要将自己妆扮得如同小丑，脸上挂着玩世不恭的戏谑，心中却暗藏着无可言知的苦痛。她渴求他的关爱和陪伴的，又不愿意成为召之即来，挥之即去的玩物。

她要做一株木棉花，与他"共享雾霭、流岚、虹霓"。

只可惜，这些萧绎都给不了她。半面妆，一面华丽，一面苍白。有如她的半生，荣耀冠绝的身份地位之下，是荒芜到贫瘠的冷清和凄然。

她开始酗酒，无节制地狂饮，肆意妄为地酩酊。一日和萧绎一道赴宴，席间也是豪饮无度，终于酒醉不省人事。百般无奈的萧绎将她送回寝宫，她酒意稍解，醒来见床边坐着的是他，翻身而起，萧绎还没反应过来，已经被她吐了一身。一身秽物的萧绎，再度拂袖而去。

能百般纵容一个人的无理取闹，若不是深爱，便是太不在意。

徐昭佩刚烈得很，也泼辣得很，你不是讨厌我吗，好吧，我就叫你更讨厌我。她想要在他的心里留下一个位置，求爱而不能得，索性反其道而行之，去求恨。至少恨，也是因爱而生。与其说她是吐酒，不如说，她倾吐的是一腔的心事。

不似半面妆的恼羞成怒，对她的放肆胡为，萧绎不怒不恼，他的心早已不在她这里了。

这之后，徐昭佩见到萧绎的时候就更少了，萧绎于她是

"三二年一人房"。她的任性而为，反而成了种寄托，让她憋着一口气，不断地刷新"战果"来引起萧绎的注意。

当年段皇爷为了在华山论剑时争个高低，与前来切磋武艺的王重阳日日夜夜在一起交流。空虚寂寞冷的瑛姑才有了与周伯通的一段露水情缘。本该日日相对的丈夫却视同自己如无物，相比瑛姑误打误撞的出轨，徐昭佩的报复更激进也更大胆。

她开始大肆地招揽情人，而且不避人耳目。在离王府最近的瑶光寺，徐昭佩遇到了智远和尚，南朝佛教盛行，为嫔妃命妇们参佛礼拜大开了方便之门。瑶光寺是皇家寺庙，其中不乏仪表堂堂才华横溢的僧人，智远就是其中一个。她几乎在他眼皮底下与情夫打得火热，且又是在皇家寺庙，萧绎怎么会不知，可他偏偏装得恍若不知，对她的淫佚放荡未置一词。

抛却身份，他们多像一对欢喜冤家。一个肆意去撩拨试探另一个的底线，另一个偏要让对方苦心孤诣的试探全盘落空。像一场厮杀，你来我往，不见刀光却招招诛心。

只是萧绎的漠然令这场出墙的丑剧显得过于乏味，没过多久，徐昭佩与智远的这段荒谬的恋情不了了之，她又将目光转到萧绎的近随身上。

季江是个美男子，她在萧绎面前就像一只刺猬，时刻都是防备的姿态。唯有在她的情人面前，低眉婉转、伏低做小，多情温柔如同二八年华少女。一日在朝会上，有人与季江道"徐娘已老"。季江倒也大方不掩饰，说"徐娘虽老，犹尚多情"。

于是"徐娘半老，风韵犹存"传遍了宫廷内外，她成了天下人耻笑的淫佚妇人，连带着萧绎都免不了被暗暗嘲讽堂堂王爷戴了"绿帽子"。她终于和他比肩同道出现在天下人面前，却又联袂得这样尴尬。

她倒是混不在乎，君恩如流水，流东复到西。她是早早就被冷落干涸了的，就拉着和她一样失了宠爱的女人们相对而饮，把酒言欢。萧绎忙着眷恋新宠，她就忙着安抚他的旧人——她们曾经也是她不遗余力打击的新宠，而今失意失落，又让她从她们身上看到了自己。

这样的惺惺相惜，多少有些可笑，可又透着隐隐的哀凉。

在季江之后，徐昭佩帷下又添了个贺徽。与季江一样，端的是个俊秀才郎。他爱她的秾艳情热，与她昼夜相欢，恨不能朝夕相伴。当梁元帝在龙光殿上与群臣大谈老庄禅佛儒之道时，贺徽便和皇妃徐昭佩相约于一处幽会缠绵。她和他在白角枕上吟诗唱和，这无异于留个证据授人以柄，将两人不可告人的奸情广而告之。

当她和他唯一的儿子战死沙场，她的生命也终于要画上休止符了。那是他们曾经年少情爱时的全部象征和寄托。他也曾经因为满意萧方等的功绩作为，特地来到她面前赞赏"如果再有一个如方等这样的儿子就无忧了"。

本来是重修旧好的机会，徐昭佩却掩面泣涕而去——他们对峙了太久，曾经，于他们而言如同不可逾越的沟壑，是再也回不去了。如何还会再有一个萧方等？

徐昭佩到底没有瑛姑幸运，最终能够得以与两任爱人归隐避世终老。萧方等死后不久，萧绎的忍耐似乎到了尽头，他赐她自尽，在她死后又将她的尸身遣送回徐家，以示出妻。

千百年后史达祖写了一首《夜合欢》："柳锁莺魂，花翻蝶梦，自知愁染潘郎。轻衫未揽，犹将泪点偷藏。念前事，怯流光。早春窥、酥雨池塘。向消凝里，梅开半面，情满徐妆。"

他们都忘了曾经豆蔻华年的她是多么的纯真美好，如同半面梅花，凌寒娇艳地开在他的眼前。

胡适当年娶了一无才二无貌的江冬秀，江冬秀是个什么人，胆大泼辣。学术圈内的人都知道胡夫人的厉害。然而两人还是相濡以沫地过了一辈子。

在她独自带着孩子在国内艰难过活时，接到他从国外寄来的钱，却统统接济了亲友。胡适一不抱怨，二不牢骚，还挑起大拇哥称赞江冬秀："你不愧是我母亲的媳妇儿，你母亲的女儿。"

胡家的书架上金庸的武侠小说永远泰然而安稳地和戴东原、崔东壁的著作同行并列，毫不见窘迫羞涩。

理解体谅，包容退让。胡先生的处世哲学也不惜用在太太身上，一天学堂没上过的胡夫人也能抱着红楼梦如数家珍，太太小姐都叫得上名字。在胡先生的努力下，胡太太和书架上的金庸小说一样，神采奕奕，活灵活现。如果你是江冬秀，会不会愿意和这样一个男人厮守终老？

而江冬秀的七副象牙耳挖，又何尝不是菜刀、剪刀之外独到的懂得和温情？

有太多的夫妻，把日子过得跟淘宝交恶的买家卖家一样，为着一点儿瑕疵，对骂不断，互不退让，好像当初选择枕边人的不是自己。当初赞不绝口、趋之若鹜的优点成了缺点，缺点被无限放大。两个人从相看两不厌终于走到相对生怨，要么一拍两散，要么做对方一辈子的差评师，敌伤一千，自损八百，彼此厮杀得遍体鳞伤，就是不肯给对方点个赞。

记得电视剧《半路夫妻》里有这样一段话形容婚姻："夫妻其实就是两个刺猬，要互相取暖，离得远了就冷，离得近了就扎，于是两个人就各削一半的刺靠在一起，于是也不冷了也不扎了，就是得忍着点疼。"

婚姻本来就是从磨合到融合的过程，什么是爱情，就是肯为对方而改变。婚姻的惯性是包容，需要的是两个人为相濡以沫而做出最大的努力。

# 苏小小：从不看轻自己

造物主总是把高贵的灵魂放在卑微的身体里，就像我们喜欢把家里最宝贵的东西放在最不起眼的地方一样。在生命之初，我们对这个世界没有选择的权力，但这并不妨碍我们在生命最低潮的时候依然保持着不卑不亢的优雅。

夏洛蒂·勃朗特在18世纪的英国以一部《简爱》闻名于世。《简爱》中最有名的，莫过于那句表白："你以为我穷，不好看，就没有感情吗？我也会的。如果上帝赋予我财富和美貌，我一定要使你难于离开我，就像现在我难于离开你。上帝没有这样，可我们的精神是同等的！就如同你跟我经过坟墓，将同样地站在上帝面前……"

自晨光的蒙昧里，这段振聋发聩的爱情宣言影响了全世界的女性整整四个世纪。令人感动的不仅仅是她最终以平等的方式和罗切斯特建立起的爱情。更是她女性难能可贵的自尊自爱的魅力。哪怕身涉风尘，也减却不去灵魂的光环。譬如苏小小。


幽兰露，如啼眼。无物结同心，烟花不堪剪。草如茵，松如盖。风为裳，水为佩。油壁车，夕相待。冷翠烛，劳光彩。西陵下，风吹雨。

李贺的一首《苏小小墓》，将一个剔透玲珑、似梦似幻的苏小小跃然于诗文眼目之间。这个乘着油壁车的女子出身于东晋官宦世家，东晋灭亡后，苏家流落到钱塘弃文经商，靠着祖业支撑经营家境殷实。双亲离世后，她跟随乳母贾姨迁居西泠桥畔，靠变卖祖产度日。为了长久生计，苏小小以卖艺为生。


曾任杭州刺史的白居易为苏小小赋诗："苏州杨柳任君夸，

更有钱塘胜馆娃。若解多情寻小小，绿杨深处是苏家。"

人生的多舛颠覆了她的平安喜乐，脱离了凤尾森森、龙吟细细的闺阁小楼，繁华照眼、乱草渐迷。偏她有如古典卷轴上走下的仕女，卷裹着东晋风流的一股天然，翩然游刃于繁花乱草之间，不沾染一丝风尘之气。

她不是没有寻得归宿的机会，江南巨富钱万才看中她的才貌双绝，数次登门求娶，却被她一一拒绝。乳母劝告她嫁一殷实之家，才是长久之计。被她一语回绝："人之相知，贵乎知心。岂在财貌！"便是金屋相酬，也比不上徜徉于西湖山水间，但为自由身，宁为歌伎、诗伎而不入侯门半步。

屡屡遭拒恼羞成怒的钱万才，在她沦为诗伎之后，勾结当地府僚孟浪，连番请苏小小入府相见，三番连请小小不至，求而不得的孟浪，只好动用地方县衙的官威，逼迫苏小小与他相见。

不想苏小小淡妆轻使，镇定自若不卑不亢前来相见。孟浪有心考校这位闻名南齐的才女，便以庭外梅花为题，命其作诗。苏小小不疾不徐，信口吟来：

梅花虽傲骨，怎敢敌春寒？
若更分红白，还须青眼看！

不过一首四言绝句，令孟浪钦佩不已，被轻慢的怨怒之气顿消。更兼之苏小小才华横溢，言谈从容，举止有度，风骨灵慧天然一段名士风流。更是令孟浪折服，一场危机就此化解。而苏小小的名声却因此大振于钱塘。

西泠桥畔，松柏林中。她独守着一方小楼，迎湖开一圆窗，题名"镜阁"。"闭阁藏新月，开窗放野云"。那楼是她心灵地中不容亵渎侵犯的一方净土，她以琴、以歌、以诗文在这片净土上构筑出自己的桃花源。

正如徐志摩所云："我是天空里的一片云，偶尔投映在你的波心。"正是一场偶然，这片安静的桃花源，迎来了她的武陵人。

山路曲折迂回，她的油壁车刚巧惊吓了他的菊花青马。惊魂未定的阮郁，向着车中婉转致歉的苏小小无意地一瞥，生出一场唐突的相遇。

邂逅了惊为天人的苏小小的阮郁满怀着一腔无可纾解的爱慕而选择登门造访。他是当朝宰相阮道之子，少年英勇，诗文精湛，文采斐然，全无纨绔之气。他的文雅别致打动了苏小小。二人相见恨晚，诗文词话，促膝长谈，直到暮霭四合，夜阑人静，镜阁第一次"留宿"了来访的客人。

妾乘油壁车，郎跨青骢马。何处结同心，西陵松柏下。

青松为证，西湖为媒，同生死，共患难。从此西湖的美景中，苏小小的油壁车、阮郁的青骢马为朝来暮往的西湖山水增添了一道别致的风景。所谓"只羡鸳鸯不羡仙"也不过如此。


两人厮守半年后，阮郁远在金陵的父亲阮道突然称病急唤阮郁回金陵，却不曾想，这一别竟然是这段萍水情缘的永别。

贵为相国的阮道当然不能接受儿子迎娶出身诗伎的苏小小。阮郁从钱塘回到金陵后，立即被父亲软禁看管，不许他外出半步，并很快张罗，命他取了门当户对的妻子。

阮郁的一去不复返，带给苏小小深切的忧伤和绝望。她将一腔的思念和幽怨都付与诗词琴音，却不想蒲苇尚且韧如丝，然而磐石却并非无转移。


多年后，阮郁才与苏小小相约于断桥，已有妻室的阮郁面对情意殷殷的苏小小，他不是钱谦益，敢冒天下之大不韪明媒正娶了柳如是。他背弃苏小小的不止是一纸婚约，更是曾经相知相惜的过往。

他贬低的不仅仅是苏小小，还有他们之间曾经海誓山盟的爱情。连他的心，他也背弃了。苏小小的一颗心再度沉寂如同古井，波澜誓不起。那落英缤纷的桃花源，关上了迎接武陵后来人的门。

　　阮郁到底不是张伯驹，即便上有妻室，外有国民党中将臧卓的阻拦，即便漏夜涉险，也要劫走属于他的潘素。好在阮郁于苏小小，只是人生这幅意境悠远的画卷中不可回避的一块顽石，在登涉的阶梯上不轻不重地给了苏小小一场磨砺。

　　感情也是一种成全，如果没有苏小小，阮郁今生也不过是芸芸众生之间名不见经传的一枚小卒。而苏小小若没有遇到阮郁，我们结识的不过是梢头月下一个纯洁而不谙世事的少女。有些失去并不意味着人生的不完满，反而在我们跨过那道沟壑之后，人生才渐次走向了完满的成熟。

　　阮郁离去后，大病一场之后的苏小小仿佛迎接了一场新生。苏小小不是鱼玄机，为了一个李亿赔得上身家性命。她的松柏小楼永远做不得咸宜观。经历过一场失败的情感，令她对人情冷暖世故有了决绝的通透。"弃我去者，昨日之日不可留"，她的琴音再度又如彩繡，她的诗文犹如翻卷的裙裾，她依旧得体、敏慧、游刃有余地周旋于文人墨客之间，不为自己的人生留下一丝遗憾。

　　就在此时，她遇到了第二个在她人生中描绘了浓墨重彩的男子。

当时借读于西湖侧畔荒山古寺之中的鲍仁，苦于囊中羞涩无法上京赶考。遇到他的苏小小，仿佛在他身上看到了自己的影子。鲍仁谈吐高雅，胸怀坦荡，丝毫不因家境贫寒自怨自艾。更难得的是他不甘于现状，勤奋上进的一怀壮志，深深地打动了苏小小。

她愿意出资资助鲍仁上京赶考，自典首饰换银百两，悉数赠予了鲍仁。鲍仁对这位闺阁之中的巨眼英豪感激不已。苏小小倒也云淡风轻："妾见君丰仪，必非久居人下之人，愿倾囊相助，也能验证一下妾的眼光。"

得到资助的鲍仁满怀信心奔赴考场，次年春时鲍仁得中金榜，奉命出任滑州刺史。特地取道钱塘看望苏小小。万不曾料到，苏小小因风寒调冶懈怠，加之情郁不舒，已然于鲍仁来到西泠桥畔前去世了。

正赶上小小葬礼的鲍仁，白衣白冠抚棺大哭。期年前的诺言时至而今却已无从兑现，鲍仁唯有依从小小临终的遗愿"生于西泠，死于西泠，埋骨于西泠，庶不负小小山水之癖"。将她安葬在离西泠桥不远的山水极佳处，以一川山水，一处香冢掩埋了她十九岁的一生。

有人说："造物主总是把高贵的灵魂放在卑微的身体里，就像我们喜欢把家里最宝贵的东西放在最不起眼的地方一样。在生命之初，我们对这个世界没有选择的权力，但这并不妨碍我们在生命最低潮的时候依然保持着不卑不亢的优雅。"

就像被称为"铁娘子"的玛格丽特·撒切尔没有出众的容貌，没有显赫的家世。可这不妨碍她从杂货店主的女儿成为英国第一位女首相。她魅力的光环并没有因为低微的出身而不再耀眼。相反，她的一生因为源于内心的坚定和自信，而演绎得更为动人。

即便是在弱势的情形下，撒切尔也不放弃自己的意志。面对来自外界的质疑，正如她所说："我这一生没有哪一天不是在战斗……男人们低估我，并且他们还会继续低估下去，而他们会追悔莫及"。

人生最有力的支持者永远是自己。唯有看清自己，而不是看轻自己，即便身处逆境，哪怕生命短暂，也活出一场精彩。

# 长孙皇后：婚姻里的逆袭战

做一时的贤妻良母容易，做一辈子的却很难。如何在婚姻中做一名合格的妻子？远隔着数千年的时空，长孙皇后身体力行为千百年来所有的女人上了一堂公开课。

2015年年初，迪斯尼公司将《灰姑娘》的故事重新打造搬上荧幕。1812年至今，从灰姑娘到王后，辛德瑞拉只用了一篇童话的时间就留给少女们无尽的幻想，而长孙皇后用一生将逆袭的传奇演绎到底。

13岁嫁给李世民之前，长孙氏是隋朝右骁卫将军长孙晟之女，母亲高氏是北齐乐安王高劢之女，与长孙无忌是兄妹关系。因长孙一族是北魏宗室之长，在孝文帝改革时，赐姓长孙。长孙家族作为皇族宗室，从北魏至隋以来可谓"门传钟鼎，家世山河"。

在这样的钟鸣鼎食之家平安喜乐了七年的长孙氏与李世民也在此时订立了婚约。然而好景不长，长孙氏的父亲长孙晟在订立婚约后不久去世。长孙氏的母亲高氏是长孙晟的继室，在长孙无忌出生之前，长孙晟已经有了嫡长子长孙安业。

依照隋朝的礼法世俗，长孙安业可以沿袭长孙晟的爵位，而长孙无忌与长孙氏在继兄袭爵后只要不分家，完全要仰人鼻息过活。这无疑为这个年幼失怙的少女的未来增添了许多不确定性。

两唐书中记载说，长孙兄妹与母亲被同父异母兄长斥还舅家，不知道容忍了长孙安业的苛待多久后，长孙安业终于不能再容忍继母和这对同父异母的弟妹，将三人一起赶回了高氏的母家。

不过好在舅父高士廉对妹妹和这对小兄妹格外优厚，卖了自家大宅购置房宅给长孙母子居住。因在长孙晟去世前，长孙氏与李世民已经订立婚约，高士廉在长孙晟过了丧期后，一力促成了这段婚事。

16岁的李世民是隋王朝唐国公李渊的次子，年少时的横刀立马，使他一早便名扬天下。在生命中一个短暂的低回过后，这一场联姻无异于为长孙氏的人生展开了一幅新的篇章。

童话中美满的姻缘都是王子与公主过上了幸福的生活。然而幸福生活的表象之下，又掩藏着多少起伏跌宕的苦辣辛酸，要彼此扶持依靠才能酝酿出生活沉淀后的甘甜。

长孙氏与李世民婚后，隋炀帝发动第二次征辽战争。李世民的母亲窦氏因随丈夫李渊押运粮草出征，在途中患病不久后离世。而正是福无双至，祸不单行，长孙氏的舅父高士廉因杨玄感谋反被牵连贬谪流放。新婚燕尔的小夫妻感受到了人生中最切骨的一次伤痛。

面对舅父的落难，长孙氏以自身的不幸感同身受地体会到丈夫丧母的哀痛，给予了丈夫最贴心的抚慰。本自年少而陌生的两个人，因为这一场患难与共的勉励和支持，加深了对婚姻关系的信任和依赖，奠定了日后婚姻生活最稳固的基础。

四年后，李渊奉旨为太原留守，李世民与长孙氏夫妇随父迁居太原。没有婆婆的指导，没有妯娌的辅助，17岁的长孙氏将唐国公府内一切居家事宜打理得井井有条。不仅得到了丈夫的钦佩和尊重，也获得了公公李渊的认可和支持。这无疑为日后李世民事业的崛起起了相当的作用。

隋义宁二年，李渊受禅称帝建立了大唐，李世民受封秦王，长孙氏受册为秦王妃。征讨四方的李世民在依次讨平了薛举父子、刘武周、宋金刚、窦建德和王世充之后，被李渊封为天策上将，位在王公之上。此时位高权重、威望在外的李世民却成了以太子李建成为主的手足忌惮。

常年征战，使李世民性格直率而暴躁，因此与李渊及手足们亲眷多有摩擦，父子兄弟间的关系颇多不睦，甚至危及了他自身的安危。

面对危局，长孙氏没有埋怨丈夫，而是展现出性格中温厚亲和的一面，以勤谨恭敬替丈夫缓和了与李渊的父子关系。同时周旋于李渊的后宫之中，与嫔妃们交好，替秦王府赢得了良好的口碑。长孙氏此举，无疑最大程度为李世民缓解了危局，也为丈夫建立了后宫第一手的情报网，为李世民绝地反击赢得了宝贵的机会。

武德二年，李世民与以李建成为首的太子党的争斗已经进行到白热化的状态。长孙氏深感李世民面对的情势紧迫，更为努力地在幕后替李世民和睦父兄亲眷关系，争取还击的有利时机。同时又以宽和待下打动追随李世民的一干将士誓死为李世民效忠。台前幕后，她不仅仅是妻子，也是李世民身边最得力的政治伙伴。

当年六月，李世民于大明宫玄武门发动兵变，手刃太子李建成、齐王李元吉。三天后，李世民被册封为皇太子，长孙氏随之被册封为太子妃。同年八月，李世民即位。十三天后册封太子妃长孙氏为皇后。这一年，长孙氏25岁。

不同于隋文帝独孤皇后的专房专宠，李世民在即位称帝之前便颇多内宠。韦氏、燕氏、阴氏、杨氏在李世民登基后被册封为贵妃、贤妃、德妃、淑妃。除了四妃，按照唐朝礼法还有九嫔、二十七世妇、八十一御妻。俗话说"三个女人一台戏"，协调百十来个女人和谐相处还真是一门学问。

长孙氏深知，只有后宫安宁才能让皇帝安心于军国大事。从秦王妃转型为皇后，长孙皇后行事低调内敛，严于律己，宽以待人。对后宫女人关怀备至，一视同仁，不仅仅将皇帝的后宫打理得宫闱和睦，而且赢得了后宫女人的一致尊重。

更重要的是，她赢得了太宗李世民最真挚而深厚的情感。

多年的相知相惜，李世民将长孙氏视作爱侣，也视作知己。每每于前朝政事诉之于长孙氏，长孙皇后严格把持着后宫不得干政的法训，每每告诫太宗："牝鸡司晨，惟家之索，妇人预闻政事，亦为不祥。"然而当李世民举棋不定时，她适时的建议和主张又能令皇帝茅塞顿开、深以为然。

在册封后位后，长孙皇后说服胞兄长孙无忌让位，得到李世民的批准后，长孙无忌得以闲职高薪退避宰执之位。长孙皇后此举既成全了自身在皇帝心中的贤德良淑，又保全了长孙一族不会因权势过人而为皇帝所忌讳。深谋远虑而两全其美，来源于她卓越的政治头脑。

在主动削弱母家势力的同时，她又以自身在丈夫心中的影响力，匡扶丈夫的不足，庇佑贤德忠臣。唐太宗时期推行广开言路，鼓励大臣直言进谏皇帝，而宰相魏征是个有名的谏臣，每每当堂进谏驳斥，让太宗十分恼火。

一次因唐太宗和长孙皇后的长女长乐公主出嫁，适逢当时四海升平，国库充盈，唐太宗也为了感谢爱妻长孙皇后的功德，为长乐公主置备了豪华的嫁妆和盛大的婚礼，却遭到魏征的强烈抗议，直指太宗如此所为不符合礼制。太宗回宫后非常恼火，直言要杀了魏征这个乡巴佬。

长孙皇后见状，既不为长女叫屈，也不替魏征辩解，而是回到内室换了正式的礼服，向太宗参拜说："妾闻君明则臣直，如今魏徵敢于直言进谏，正说明皇帝您英明，嫁一女得一直臣，所以我特地像陛下表示祝贺。"太宗听后龙颜大悦，不仅采纳了魏征的建议为长乐公主主持了简朴的婚礼，又对魏征的直言进谏大为嘉奖。长孙皇后也因此得到朝堂上下臣民的敬仰。

长孙皇后以她的智慧理性、宽容大度、恩威并重，不仅成就了一代贤后的盛名，也为大唐迎来了"贞观之治"的盛世华景。

然而世间的美好，仿佛总是在最绚烂之后戛然而止。贞观八年，长孙皇后陪同太宗在九成宫避暑期间，身染重疾。太子李承乾请求大赦天下并度人入道，以此向苍天神佛求福，祈求皇后的福寿安康。李世民准予了太子所请，然而这个要求却遭到了长孙皇后的强烈反对。她说："人的寿命是自己左右不了的，不能为我个人兴师动众扰乱国家秩序。"

在病重期间，长孙皇后劝诫太宗任用贤臣，善待百姓，不要因她而逾矩厚待她的家族。并且请求李世民在她死后不要给予厚葬，尽量节省国家开支。

贞观十年六月，在缠绵病榻两年后，长孙皇后在立政殿去世，终年 31 岁。在她十一年的皇后生涯中，为大唐留下了一笔光辉灿烂的丰功伟绩，为天下女子留下一本恪守贤德的《女则》，也为李世民留下了无尽的追忆和哀伤。

在长孙皇后去世后，李世民亲自为长孙皇后撰写碑文，又命人在宫中建起了层观，终日眺望妻子的陵墓，以此寄托对长孙皇后久久不能消弭的哀思。而在她去世后李世民执政的十数年间，也再未册立皇后。


灰姑娘的母亲对灰姑娘说，坚强而勇敢、仁慈而善良就能创造奇迹。将自身所经历的苦难和艰辛，化作人生最深厚的积蕴和心底最坚实的力量；在逆境里迸发出最坚韧的毅力和勇气，在顺境中珍惜坚守最纯挚的美德，绝地逆袭从来不是个童话。

婚姻的逆袭，可以如同卓文君、福芝芳，将偏离了的爱情重新拉回到自己的轨道。也可以像江东秀，既有河东狮子吼又有象牙耳挖的恩威并济让本来不被看好的婚姻长存。


长孙皇后一生的成功在于，她坚守自信而美好，深知家庭的经营、环境的改造源于自身的修养。担当着为人妻又为人臣的双重身份，她懂得时刻掌握自身的角色和位置和优势，对内足以以一己之德经营好家庭，为丈夫免去后顾之忧；对外，幼年的坎坷和经历赋予了她卓越的才干和勇气，使她敢于冲锋陷阵，替丈夫化解危机和困境。

在当今社会，女性担当的角色越来越多，修为一颗强大而丰富的内心，在众多社会角色中运筹帷幄游刃有余。做一时的贤妻良母容易，做一辈子的却很难。如何在婚姻中做一名合格的妻子？远隔着数千年的时空，长孙皇后身体力行为千百年来所有的女人上了一堂公开课。

# 武则天：从才人到女皇

从女人到女强人的路有多远？首先要有一颗强大的内心，有一份时刻期冀的梦想，有一份足以支撑自己的事业，还有可以赖以依靠的家庭和情感。女人的一生仿佛一块七巧板交错纵横，呈现出不同的色彩。而最瑰丽的色彩，必定生发于自己。

2012 年，英国温斯坦公司以英国女首相玛格丽特·撒切尔人生为主线的传记电影《铁娘子》，以撒切尔夫人的视角重温了她传奇而励志的一生。次年 4 月 8 日，撒切尔夫人因中风病逝，终年 87 岁。从出身寒微到君临天下，心怀理想的"大"女人们这一路走得艰辛却不孤单，如撒切尔，如秋瑾，如宋庆龄，如武则天。

《旧唐书》中说："则天皇后武氏，讳曌，并州文水人也。父士護，隋大业末为鹰扬府队正。高祖行军于汾、晋，每休止其家。义旗初起，从平京城。贞观中，累迁工部尚书、荆州都督，封应国公。"

武则天的父亲武士護是晋商，经营木材。古代商人虽然有钱但社会地位低下，商人家庭统称寒门。为了改变自己的身份和命运，武士護选择了弃商从军作为捷径——从普通一兵做起，通过奋斗彻底改变了商贾低微的社会地位。

武士護其人，头脑灵活，善于应变。这是他出身商贾的福利，使他得以在军旅生涯中结交了隋朝大将李渊和他的儿子李世民。当李渊等在山西晋祠举起了反隋的大旗时，武士護以巨资援助李渊，帮助李渊造反成功，开创了大唐。而他也成功转型，从一位木材商人转型为政府官员，成为大唐的寒门新贵。

年少时期的经历，使武士彟格外重视子女的培养，他不希望子女重蹈他的覆辙。而武则天，作为武士彟的幼女，超额继承了父亲的头脑和智慧。武士彟显然也发现了女儿不同于其他女子的天赋。于是，武则天从四岁起就跟随父亲上任，武则天在父亲身上汲取了太多关于官场斗争、权势斗争的政治斗争熏陶，遗传基因和后天的熏陶教导使她仿佛为了政治、为了权势而生。

　　贞观十一年，14岁的少女武则天进宫，当了唐太宗李世民的才人。才人，在大唐的宫廷中，约合于皇帝跟前的侍女，侍奉左右照顾皇帝起居，或者会得到皇帝的恩宠，一举改变命运。怀揣着这样的激动，武则天丝毫不介意自己低微的身份，她认为人生充满了无穷的变数。

　　太宗起初非常喜欢年轻美貌聪慧的武则天，因其容颜娇媚，赐其以武媚为名。唐太宗的垂青成了武则天眼中不可多得的机遇，她更为炽烈而大胆地在太宗面前表现自己的与众不同。

　　太宗有马狮子骢，性烈难驯。侍奉在太宗身旁的武则天主动表态，请太宗赐她铁鞭、铁鎚和匕首，先往死里打，再不老实就杀掉。太宗有感于一个女子的刚烈强势不可取，渐渐地冷落了她。

皇帝宠爱的风向渐渐开始偏移，与武则天一道入宫的徐惠成为皇帝的新宠，皇帝连续数日流连于徐惠处。太宗皇帝的冷落，浓烈了武则天不轻言放弃的心。她努力迎合太宗的爱好，书法文史政治无一不刻苦钻研，希望能因此缩短自己与太宗之间的距离。

　　可是她还是失败了，太宗的宠爱再也没有加诸在她身上。

　　她太强势，像一轮朝阳，灼灼地逼近人前。而太宗偏偏喜欢阴柔温婉的明月。她所有的努力付诸东流，换来的是十二年默默无闻地侍奉在太宗身旁，坐等那个了无生机的去路。

　　然而，希望的曙光恰巧在她极度失望的时候闪现，她遇到了太子李治。

　　太宗卧病，时为太子的李治前来侍疾，两人在太宗的榻前朝夕相对，李治深深地迷恋上武则天的美貌、成熟、稳健、干练。9岁丧母的李治迫切地需要一个如同武则天一样的女人替自己解忧分难，携手共览河山。

　　李世民发现自己不在意的妃子，却将自己的儿子迷恋得如火如荼。察觉到他们之间微妙的感情，他担心武则天不除，性情软弱的李治即位后，会有女祸扰乱朝纲。聪慧而敏感的武则天察觉到了太宗的意图，她没有替自己争辩，反而婉转地说：

"陛下的龙体说不定不日就会康复，所以我还不能死。"巧妙地在命悬一线的时机里保住了自己。

贞观二十三年五月唐太宗李世民驾崩，按照大唐宫廷规定，凡是先皇帝没有子女的嫔妃统统发配到感业寺出家，武则天遇到了自己人生最黑暗的一段时光。

自小养尊处优的生活使武则天感到感业寺的生活尤为凄苦。这样的凄苦，不仅仅是来自寺庙中物质匮乏的生活，更来自身为先帝遗妃，对茫然不可期望的未来的恐慌。那是一种生而不能承受之重，死死地压在武则天的心上。

她开始期冀，期冀新君李治能够想起她，想起他们曾经缠绵热烈的爱恋。在镇日青灯古佛的感业寺，武则天感到曾经的爱情灼烈地炙烤着她的心，她从没有像现在一样渴望着李治的到来。

可是日复一日，李治仿佛当真忘了这个他曾经痴迷眷恋过的女子。武则天终于忍无可忍，她不能够容忍自己年轻的生命、娇媚的容貌和凌云的抱负都空付在一座冷寂空虚的寺庙里。她将一腔柔情都揉碎在了一首《如意娘》里：

看朱成碧思纷纷，憔悴支离为忆君。

不信比来长下泪，开箱验取石榴裙。

收到这封哀婉情浓的情书，李治的情感复苏了。他想起了曾经与武则天朝夕相对的甜蜜，想起了他对她曾经热情而猛烈的追求。按捺不住内心激动的李治，在太宗周年祭奠时来到感业寺。朝思暮想的李治终于出现在了武则天面前，这对她而言，无异于绝处逢生，她用李治的爱情为自己收获了机遇。

这一场重逢，将李治的心留在了感业寺。

李治开始频频出入感业寺，像一个痴情莽撞的少年，不管不顾地奔赴着爱情。不久，武则天有孕，与李治的幽会到底瞒不过宫中时刻注意着李治的王皇后，她得知武则天怀孕后，兴高采烈地要求李治将武则天接回了皇宫。

同样是太宗的遗妃，才情卓著的徐惠在太宗时代已经完全打开自己，绽放了自己的生命之花。为唐太宗献出自己用一腔爱情幻化的光和热后，郁郁而终，用自己 20 岁的生命做了一代君王的陪葬。而作为太宗才人的武则天，在徐惠一步步进阶的时候，机遇对她却是吝啬的。然而深宫十二年为她创造了足够的韬光养晦的时间，使她深谙了宫廷争斗之道，为她再度入宫为高宗嫔妃时打造出绝佳的先机。

入宫后的武则天生下了长子李弘，被册封为昭仪，凭借过人的才识和高宗非比寻常的感情依赖迅速打败了之前宠冠后宫的萧淑妃，使自己一跃成为后宫的第一人。李治的信任，使她多年储备的政治能量得以释放。

武则天很清楚自己只是王皇后安置的一枚棋子。王皇后善妒，一旦萧淑妃倒台，下一个倒霉的肯定会是自己。为了巩固后宫的地位，武则天亲手掐死了自己尚在襁褓中的女儿，嫁祸给王皇后，从而彻底推翻了王皇后在后宫的统治权位，一跃而成为后宫的第一人。


唐太宗驾崩后，长孙无忌、褚遂良等元老级大臣把持朝政，皇权得不到最大程度的施展和释放。唐高宗想要废掉王皇后，立武则天为后的想法刚刚公开，就遭到朝堂上这些元老级大臣的一致反对。夙愿难偿的武则天献计高宗，以"废王立武"为旗号打击一批老臣，重振李朝皇权威严，得到了李治的赞同和赞赏。

显庆四年，首席宰相长孙无忌集团，被杀，被贬，被流放，彻底消灭，实权回归唐高宗李治。而武则天也顺利地登上了皇后的宝座，长子李弘击败了先太子李忠，入主东宫，成为大唐新任的储君。


当机会来临，即便荆棘密布，你是选择无奈放弃，还是披荆斩棘一路向前？ 20世纪70年代，撒切尔夫人竞选初期，面对政治上的合伙人和支持者被袭击致死的强大压力和人身威胁，仍旧坚定不移地履行自己的职责和梦想，成为英国第一任女首相。

同样是平民出身的玛格丽特，凭借超人的努力被牛津大学录取并且获得了理学士、文科硕士双重学位。积极参与政治的她一次偶然的机会结识了富商丹尼斯·撒切尔。二人的结合使她得以跻身政坛，并自此开始了她平步青云的政治生涯。

有时，逆境和顺境的距离也许不过是一道转弯的街道。只要坚定了信念和步伐，眼前的一切都将是上帝赐予的最好的安排。


荣升皇后的武则天，很快不满足于权力被局限于后宫，她开始施展自己的政治才能。在帮助唐高宗实现了君主集权制度之后，武则天得到唐高宗政治上的极度信任。两人从爱人、夫妻后又成为政治上的盟友。显庆五年，唐高宗因头风病不能临朝，武则天垂帘辅国政，正式开始了她的掌政生涯。

劝农桑，薄赋徭、免除长安及其附近地区之徭役、息兵，以道德化天下、广言路、杜谗口……武则天参政期间不断上表建议推出新的法令制度，为李治采纳，并在全国上下推广。权力的无限膨胀，使武则天将更大的情感和专注都投身于政治，自幼从父辈身上沿袭下来的良好政治基因得以在此时得到最大程度的展现。

上元二年，面对沉重的头疾，李治与大臣们商议，准备让武则天摄政。宰相郝处俊谏道："陛下奈何将高祖、太宗的天下，不传给子孙而委任给天后啊！"李治因而暂时停议。然而这个提议对于武则天而言不啻于一道惊雷，刹那间终极目标在武则天心中升起，并为之策划实施。

武则天召集了大批文人学士，大量修书，先后撰成《玄览》《古今内范》《青宫纪要》等书籍。并密令这些学者参决朝廷奏议，分割宰相朝权。

而在与李治生养的四个儿子中，她也进行了废立的周密安排。太子李弘去世后，立李贤为太子。永隆元年，李贤以谋逆罪被废去太子之位贬为庶人，一年后流放巴州。而后武则天举荐立三子李显。李显庸碌，唐高宗李治驾崩，遗诏："军国大事有不决者兼取天后进止。"

高宗去世后，李显即位，史称"唐中宗"，尊武则天为皇太后。然而即位两个月后，因破格任用韦后族亲韦玄贞，被武则天废黜。而后武则天立四儿子李旦即位为唐睿宗，但是不允许唐睿宗参政，自此武则天掌握了大唐的全部政权。

688年，武则天在武三思等人的配合和运作之下，自封"圣母神皇"，为即位称帝做足了前期准备。一年半后，圣母神皇武则天正式登基，成为"圣神皇帝"，建立大周朝，改元天授。就此中国历史上唯一一朝女性称帝的王朝拉开了序幕，这一年武则天67岁。

在男权的时代，女人能顶半边天是一种不可企及的奢望。而武则天敢于打破千古传袭的男尊女卑的传统，敢于打碎一切束缚女人的枷锁。运用的除了自身的才干和智慧，便是她能够把握住时机。

幽居宫中十二年，屡屡不得重用。然而她却时时刻刻不曾泯灭了梦想。依托丈夫的信任和情感，她敢于打破不利局面，鳞德元年，唐高宗感受到李唐政权来自于武则天的外在威胁，密令宰相上官仪拟定废后圣旨，废武则天为庶人。结果武则天力挽狂澜，安然无恙，上官仪却因此而牺牲。

《铁娘子》中，玛格丽特面对爱人的求婚时说："每个人的生命都有其意义。那是超越煮饭清洗、照顾孩子，人生命的意义远胜于此。我不能一生终老在洗茶杯上。"

这世间有一种女人，她们的生命不会专注于爱情、婚姻、家庭，她们更关注通过自我改变世界。然而，爱情、婚姻、家庭又是他们求索天地时不可或缺的云梯。比如武则天，比如撒切尔。

从女人到女强人的路有多远？首先要有一颗强大的内心，有一份时刻期冀的梦想，有一份足以支撑自己的事业，还有可以依赖的家庭和情感。女人的一生仿佛一块七巧板交错纵横，呈现出不同的色彩。而最瑰丽的色彩，必定生发于自己。

从才人到皇帝的路有多远，从丈量自己的心开始。

# 徐惠：彼之蜜糖，吾之砒霜

这世间总有女子活得很努力，为工作、为爱情。然而有的姑娘用着合适的力气活得刚刚好，而有些姑娘不是用力过猛就是力道不足，活得总让人觉得有那么点儿悲壮。

还记得《蝴蝶梦》里的吕蓓卡吗，从未在书中出现，却时时处处音容宛在。年轻的"我"在曼陀丽庄园里处处能感受到这位前任女主人的气息和温度。而书中的"我"既不能替代她曾经的存在，又无法复制她热烈的曾经。

同样是曼陀丽庄园的温特夫人，前任妻子享受到的是幸福，加诸在年轻的"我"身上反而成了一场醒不了的噩梦。

公元640年，徐惠以太宗才人的身份踏入了大明宫，皇权与宫殿是于她陌生的"曼陀丽"庄园。而在这座华丽的宫殿里，曾经也有过一个"吕蓓卡"一样令她的丈夫念念不忘的女人。

和这座宫殿迎来的其他女子不同，徐惠令人惊艳的不是她的容貌而是她出众的才华。

徐惠出身于东海徐氏，为南朝梁慈源侯徐文整四世孙女，唐果州刺史徐孝德长女。家世渊源远，徐氏姐弟三人文采出众，当代人将他们比作汉朝班氏。

依照《新唐书》所言，徐惠出生5个月即能言，4岁便熟读《论语》《毛诗》，八岁已能成篇，是个天生的神童，是不可多得的才女。徐惠满八岁那一年，她仿《离骚》体作《拟小山篇》："仰幽岩而流盼，抚桂枝以凝想。将千龄兮此遇，荃何为兮独往？"令有心考校她的父亲大吃一惊。

怀才就像怀孕，时间一久自然会显露出来。徐惠作《拟小山篇》后不久名声远播，很快传到了唐太宗的耳朵里。

于是这个一诗动天下的小女子，在六年后结束了她的少女生涯，成为大明宫中唯一的才女嫔妃。

此时距离大明宫的第一任女主人长孙皇后去世已经过了四年，然而李世民依然不能对亡妻忘怀。便有近臣提议为李世民选取一批年轻的嫔妃入宫来添补他内心的空虚。

与徐惠一道入宫的，除了一些名不见经传但容貌瑰丽的女子之外，还有一个不可忽略的女孩儿，中国唯一一位称帝的女子——武则天。

在94版电视剧《武则天》中，一身白衣素雅清新的徐惠，对着困惑不解的武则天说："以色侍人，能好几时。"正是这句话，改变了武则天的命运。

而道出这句至理名言的徐惠，大概是中国最早期的知性女性代言人了。

如果说武则天是桃之夭夭，灼灼其华。徐惠则是浩气清英，仙材卓荦的一株梨花，虽然不艳丽却别有一番动人之处。

这一番动人之处正是来自她身为女知识分子的丰富内涵所蕴生的知性和高雅。

与众不同的徐惠带给了唐太宗耳目一新的体验。徐惠的知书达理、进退有度，令唐太宗暂时填补了长孙皇后去世后带来的空白，他愿意为了这份与众不同给予这个女子以优待。

有传言说，徐惠的得宠是因为在气质上和已经亡故的长孙皇后最为相像。

然而像归像，她到底不是长孙皇后。


长孙皇后是一位才德俱佳的女人，她在李世民处于微末时与他结合；在李世民性命前途攸关的紧要时刻，动用自己的智慧一次次替他化险为夷，与他共度困境；在李世民称帝后，长孙皇后身为皇后不骄不妒，身为国母谏言有道，受到嫔妃和朝臣们的爱戴。

长孙氏的才情与聪慧不过是人生的点缀，她游刃有余地将聪慧和才学运用于言行之间达到事半功倍的效果。


而徐惠的才情、聪慧更偏向于小女儿情态。有一次李世民传召徐惠伴驾，左等也不来右等也不来，等到不耐烦的李世民正要发火，却不想徐惠送来一首诗。

朝来临镜台，妆罢暂徘徊。千金始一笑，一召讵能来。

满纸娇嗔却不失机敏，立刻消弭了李世民的怒气，开怀大笑之后原谅了这个有些矫情的小女子。

与李世民相差 27 岁，她的才学机敏更像是李世民可以信手拈来的生活调剂，不能成为生活的主调。

她是他的红玫瑰，而长孙皇后却是他的床前明月光。


他升她为充容，位列九嫔。她的父亲徐孝德提升为礼部员外郎。李世民对于这个年轻的女子，予以了最实际的优待。

现在有许多对沉稳成熟大叔范儿的男人趋之若鹜的姑娘。生活都有背面，那些真正嫁了大叔的姑娘很快就会发现，大叔们的成熟沉稳、波澜不惊的另一面对应的是平淡乏味，年轻姑娘们都期冀的罗曼蒂克早已经和他们绝缘了。

他们不是不爱，也不是没有激情和冲动，只不过他们在比现在年轻许多的时候早就挥霍完了。那个陪着他们撞南墙的人不是你，你迷恋的是已经懂得如何建立起自己城池的他。君生我未生，我生君已老的无奈和憾然大概就在于此。


就好像，长孙皇后和徐惠在李世民面前没有可比性，欠缺的不是情分，而是时光。

在翻找资料时，《新唐书》中记载了这样一段内容："东戍辽海，西讨昆丘，士马罢耗，漕饷漂没。捐有尽之农，趋无穷之壑；图未获之众，丧已成之军。故地广者，非常安之术也；人劳者，为易乱之符也。"

"翠微、玉华等宫，虽因山藉水，无筑构之苦，而工力和僦，不谓无烦。有道之君，以逸逸人；无道之君，以乐乐身。"

"伎巧为丧国斧斤，珠玉为荡心鸩毒，侈丽纤美，不可以不遏。志骄於业泰，体逸於时安。"

这段内容来自贞观二十二年，太宗驾幸玉华宫，徐惠伴驾。当时李世民多次攻打少数民族并大肆修缮建造宫殿。因此徐惠借伴驾之机向太宗谏言罢兵高丽，停修土木，与民休养生息。

李世民对这封上疏很是赞同，并隆而重之地给予了她奖励。可是却再也没有了下文。

据史书记载，在徐惠上疏后不久，李世民斥重资建造了"壮丽轮奂，今古莫俦"的大慈恩寺。携太子李治及一干亲善能臣嫔妃共同游赏，徐惠也在陪王伴驾之列。

这封四骈八体，句式整齐，文风严谨的上疏，大概成了李世民政务繁忙之余，可以拿来怡情的政治议论文。

同样是劝谏，长孙皇后进谏李世民从简主持长乐公主的婚事，不单单得到了李世民的首肯，并且惠及了谏臣魏征。

很显然，徐惠的进谏并没有起到本质的作用。李世民首肯的也许是她的才情，也许是她出众的文笔，但不会是她阐释的政见。年逾中年的李世民，已然是独握乾坤的霸气英主，他也许需要一个红袖添香的雅致佳人，却未必再需要一个不经世事的事业伙伴。

说得再残忍些，即便徐惠具备和长孙皇后同等的世事阅历，因为欠着二十多年岁月的鸿沟，从一开始，她就没有了对李世民指手画脚的权利。

《蝴蝶梦》中的女主角，因为受到女管家的怂恿，在她第一次主持的化装舞会上，穿上了和男主角迈克西姆的亡妻一模一样的舞裙，因此受到丈夫的严厉呵斥。并不是她真的比不上那个已经去世的吕蓓卡，而是败给了人的本性。

对于男人，得不到和已失去都格外的珍视，吕蓓卡是迈克西姆心头不可触碰的一处朱砂痣，与其去挑战她在丈夫心中占有的一丁点位置，不如好好经营自己，不要早早就变成一颗被嫌弃的饭黏子。

徐惠的《谏太宗息兵罢役疏》，李世民的未置可否、嘉许赏赐之后的搁置不提是因为他对这个女子的怜惜和宠爱。而对于抱持着"以才侍人者长"为己念的徐惠，却不啻于人生中最大的遗憾。

其实没有人能保证，如果长孙皇后没有英年早逝，与李世民一道活到他遇到徐惠的岁数会不会有相敬如宾到相敬如冰的一日。

可是这世间之所以公认完美的事物都不会长久，何尝不是因为完美的事物都没能长存，好比一朵盛开的鲜花，开到最娇艳欲滴的光景，横遭雨打风吹落。人们没有见过它开到荼蘼的颓丧，所以记住的便永远是它娇艳欲滴的模样，并称之为完美。

有时候命运的不完满，可以归结的只有四个字——"生不逢时"。

与武则天的勃勃野心不同，徐惠为李世民中年男子丰富的阅历、成熟沉稳的气质和帝王气魄所折服。李世民之于徐惠的是一个成熟男子带给一个少女的迷恋。

两人的相对唱和，李世民对她才情的首肯和赞赏，是那个"女子无才便是德"的时代里，最令她珍视的懂得。

然而该来的还是会来，他们之间巨大的年龄鸿沟早已决定了她无法与他厮守白头的宿命。贞观二十三年，唐太宗驾崩。彼时，早已失宠于李世民的武则天早已与太子李治暗生情愫。而徐惠则守着岁月遗留给他的残年，看着他所剩不多的生命如飞絮般弥散。

唐太宗去世后，未曾孕育子嗣的嫔妃都要送往感业寺为尼。武则天作为李世民曾经的才人自然不能幸免。而徐惠免于了这场灾难——她的生命即将走到尽头，感业寺修行于她已然不再是个适宜的安置了。

她才 24 岁，在她十余年的后宫生涯中，其实他有多爱她呢？李世民给她的只是合乎于她身份、背景的名分和待遇。而这个十余岁便伴君相随的少女却交付了自己的一片赤诚之心来报答。

李世民死后，她哀慕成疾却拒绝医治，她要将自己整个地交付给这个待她情深的男子。在卧病数月后，永徽元年的新朝伊始，她永远地闭上了眼睛。高宗李治感念其情意，追封她为贤妃，陪葬在唐太宗李世民昭陵的石室中，成全了她最终"先于狗马去侍奉先帝的陵寝"的遗愿。

她以她的方式，实现了"生同衾，死同椁"的愿望。

徐惠谢世十数年之后，曾经那个怀揣着不安和忐忑，来向她求取过盛宠不衰之道的女子成了高宗的皇后。太宗于她未有一日恩宠，而她却成了高宗李治的挚爱。

李世民于徐惠十数年的宠眷，是深宫多少女子的期盼。而正是旁人求之而不得的宠爱，却过早的断送了徐惠的一生。

这世间总有女子，为爱而生，为爱而死。也有女子以爱情为利器，令人为她而生，为她而死。徐惠是前者，而武则天是后者。

　　这世间总有女子活得很努力，为工作、为爱情。然而有的姑娘用着合适的力气活得刚刚好，而有些姑娘不是用力过猛就是力道不足，活得总让人觉得有那么点儿悲壮。

　　努力并不是错，但要选择适合自己的方向。割舍眼前的追求总显得太过残忍，但总好过为其所害。也许你艳羡的旁人气定神闲的生活，背后偏偏是你生命不能承受之重的哀恸。彼之蜜糖，吾之砒霜。人还是该活在属于自己的路上。

# 上官婉儿：最重要的是做自己

面对人生的窘境，你是选择迎战去打败它，还是选择退缩被它打败？每个人都有从逆境中逆袭的主动权，这些逆境，也许来自出身，也许来自婚姻……是庸碌一生留下悲叹，还是善加利用凤凰涅槃，在于你如何把握自己。

2013 年，美国福布斯排行榜公布，奥普拉·温弗瑞以7700 万元占据榜首。这位来自密西西比州的黑人女性，从一名脱口秀主持人到成为美国一位黑人亿万富翁，成为当今世界上最具影响力的妇女之一。2011 年她出版的《做自己的女王》，将这位传媒女皇鲜活地带到我们身边。她告诉所有的女人——你能经历的最大冒险，就是过你梦想的生活。

如果人生的境遇以不堪为起点，你会选择天道酬勤还是怨天尤人？

她是西汉世袭安阳侯上官桀、上官安、上官期祖孙三代的后裔，高宗宰相、太子中舍人上官仪的孙女。上官仪从贞观二十二年的起居郎至高宗龙朔二年累迁为银青光禄大夫、西台侍郎同东西台、弘文馆学士，著有文集三十卷、《投壶经》一卷，曾参与编修《晋书》《芳林要览》。《大明宫词》中，太平公主说："我喜欢上官仪，喜欢他那颗硕大浑圆的头颅。在那里，仿佛寄存着人世间的一切道理。"

上官仪在朝堂上无与伦比的荣耀和煊赫，来自皇帝的信任。面临李唐政权即将被武氏鲸吞替代的险境，李治与上官仪一番密谈之后，由上官仪操刀写下了那篇著名的直指武则天牝鸡司晨的废后诏书。上官家的荣耀似乎就在上官仪以忠心拟诏伐武的那一刻结束了。

高宗麟德二年，梁王李忠谋反事泄，武则天以此为借口，指示亲信许敬宗上书奏称上官仪和梁王谋反有联系，上官仪与其子上官庭芝同时被逮下狱而死。刚刚出生的上官婉儿和母亲一道被配没掖庭为奴。

籍没入掖庭的女子一生也只能守在暗无天日的永巷里，曾经的荣华成了心底不可触碰的一道罹伤，随着岁月老去，人生一道成了一抹晦暗麻木的疮痂——看似这一生已经从开始决定了终结。


奥普拉的蜕变来自她父亲的勉励，好在，上官婉儿也有一位明智的母亲。

其母郑氏于史书上已不可考，上官一门从钟鸣鼎食之家一夕之间落魄为奴，并没有击溃这位郑氏夫人的心志。在掖庭之中，她教导上官婉儿诗书文史，永巷的生活丝毫没有妨碍上官婉儿成为一位熟读诗书，明达吏事，聪敏异常的才女。原本已经凋零的生命之花，在郑氏夫人的精心培养下，重新在永巷里盛放出别样的光华。


她的才情精妙传到了武则天的耳朵里。凤仪二年，已经掌握了朝堂实权的武则天宣召上官婉儿，14岁的上官婉儿终于站在了她最为敬仰的女子面前。

　　面对上官婉儿，郑氏夫人巧妙地隐瞒了上官一族荣辱的始末。上官婉儿出现在武则天面前的那一刻，便已然决定了她此生已经从永巷的晦暗和低迷中脱身，打开了通往她祖辈期冀的权倾天下的大门。

　　武则天当堂出题考校，上官婉儿文不加点，须臾而成，且文意通畅，辞藻华丽。武则天看后大悦，当即下令免其奴婢身份，让其掌管宫中诏命。

　　麟德二年的一场政变，上官仪不过是高宗的一个替罪羊，武则天并非将废后之事归咎于上官仪，而上官仪的死却是她奠定根基地位的大好机会。而上官婉儿，是她得到了李唐江山之后，布施仁君形象的不二人选。

　　这一场外人看来千里马与伯乐的各得其所，不过是一场政坛争斗的表象。而上官婉儿的才华，是促使武则天选择她的有力筹码。

　　人生是一场赌局，拿得到好牌是运气，而打得一手好牌是能力。在有限的环境里能将一手烂牌打好，除了天时地利人和，更多的是个人倾注的努力。

　　她走出阴雨霏霏的永巷，在这牡丹飘香的盛唐开放出属于自己的颜色。

她游刃于大唐最高政权之中，使她得以亲眼见证武则天作为一个女人，励精图治，将高宗弃置不顾的大唐打理得井井有条，令她辅佐左右时感受到来自一个雄心壮志的君主带来的生命的蓬勃和能量。

她开始膜拜权力，享受无上的权力带来的安全感。李贤、李显、李旦，她以她的笔锋和智谋为武则天肃清了通往皇帝道路上的阻碍。天授元年，武则天正式成为女皇，她一跃成为武后身边最得力的助手。

她挚恋过李贤，却在武后的示意下，直指时为太子的李贤私藏兵器意图谋反。她一纸诏书斩断的不仅仅是李贤的政治生命，更是为李贤尚且年轻的生命画上了句号。

李贤被流放巴州，途经木门时，曾与木门寺内方丈在石上晒经，巨石上刻有佛像七百余尊，称为"晒经石"。不久，李贤遇害。上官婉儿前往巴州，行至此地，颤抖的双手摩挲着留下李贤足迹指痕的晒经石，在石上建亭，并题写《由巴南赴静州》一诗于亭上，"米仓青青米仓碧，残阳如诉亦如泣。瓜藤绵链瓜潮落，不似从前在芳时。"

她不是不爱的，李贤有如她心目中清都山水郎，像一抹阳光，照亮了她少女时期最为瑰丽的梦境。可权力的倾轧容不得她的情爱，她的情爱只能如同残阳余晖，绚烂而短暂。

眼前的一切来得太过顺遂，使她放松了伴君如伴虎的警惕。

高宗驾崩后，武则天豢养男宠已经是大明宫不是秘密的秘密。当时最宠爱的男宠薛怀义，为人傲慢，举止轻浮。武则天为了给他一个教训，故意冷落他。上官婉儿矫旨，将前来拜见武则天的薛怀义关在宫门外，绝望的薛怀义自焚于明堂。


明堂是薛怀义亲手为武皇所建，保佑大周朝风调雨顺，国运昌盛。薛怀义的死触碰到武则天的每一根细小的神经。薛怀义与其说是武则天的伴侣，不如说是皇权的象征。与其说上官婉儿拂逆了一个男宠，不如说是忤逆了武则天的皇威。

矫旨而行，她罪当死，在临刑的刹那，武皇下旨，圣上惜才，止于黥刑。

她的面上被刺了"忤旨"二字，她饰之以梅花成梅花妆，宫中人以为娇媚，人人效仿。她学会了圆滑和内敛，如同那刺字旁的梅花，以光华妩媚示人，将满心的苦楚悉数掩藏。

对权力，她开始迷信，唯有永不失去的权力，才能保护自己。

百司奏表，参决政务，她成了武皇朝廷上的第一人。她的诗文是游宴里的主角。从高宗时候起，高宗、武后、太平公主的诗文皆是她一人代笔。可是她越来越清醒，她的才华不过是女皇辉煌华丽的人生中的一处点缀。

　　她越发渴慕权力，她极力促成了安乐公主和武崇训的婚事，将武三思举荐给韦后。她极尽所能维持着自己如日中天的权势。她享受被所有人需要的感觉，被武后，被武三思，被中宗李显，被韦后。她从权力上汲取安全感，她的爱恋、她的孤独都以权力来填补灌注。

　　强大到足以令自己依靠，她在盛唐的流年里，修炼成了自己的女王。

　　公元705年，神龙政变之后，中宗李显复辟。上官婉儿被册封为昭容，专掌起草诏令，其母郑氏拜为沛国夫人。当后宫的女人争奇斗艳地渴慕着中宗的垂怜和宠爱时，上官婉儿却凭着自身的努力，与中宗以一个平等的高度，成为政治上的盟友。

　　于女人，美貌固然重要，可却不是全部。当年武则天失宠于太宗，若不是徐惠一句"以才侍君者久，以色事君者短"，也许武则天终生也不过是一介才人，在掖庭中郁郁不得志。从武则天身边的点缀，到唐中宗不可或缺的助手，上官婉儿的才华在压抑了许久后终于释放出了她所期冀的光华。

中宗时常以诗为擂主持风雅，由她登上彩楼，将群臣应制诗歌品度点评，任她将落选的诗词从彩楼上一一抛下。她赢得了盛唐才子们的膜拜，荣耀成为她身后附着的影子。

中宗李显驾崩后，她劝一心想篡权的韦氏效仿武则天，李唐的权力不再是她慕拜不已的凌霄花，而是被她拈转于指尖的一株唾手可得的花草，她从一个追随者，转身成为权力的操控者。此时她已年逾四十，在一个女人色衰而爱弛的年纪里，她的人生却真正张开了一面夺目的风帆。

甚至，她在这样的年岁里遭遇了一场类似爱情。

唐圣历二年，武则天召学士四十七人修《三教珠英》。右补阙张说、定王府仓曹刘知几、给事中徐彦伯皆在其中，人称为"珠英学士"。在这一场琳琅夺目的大唐才子聚会里，上官婉儿结识了年少才俊的左补阙崔湜。

崔湜貌美，且好文采。他为上官婉儿写诗，盛大而热烈。他得到了上官婉儿的垂青，她与他终日厮守，崔湜还引来了弟兄四人，与婉儿游宴赋诗，嬉戏说笑。几个为博她一笑的少年穷尽所能，目的不过是攀附上她如日中天的权势。

当爱情错过了"郎骑竹马来，绕床弄青梅"的纯真岁月，并不意味着它不再纯真，而是或多或少都沾染了现实的私欲。于上官婉儿，与其说她迷恋着爱恋的动人，不如说爱恋着肆意沐浴爱恋的自己。爱情，已经成了她生命中，可有可无的点缀。

所以当崔湜为了功名利禄转投韦后和安乐公主，上官婉儿既不失意也不落寞。两人所谓的情爱，更像是一场稍加粉饰的交易，各取所需之后，各自分散便成了注定的结局。无须怨艾，没有悲叹，淡定而自持，已经成了她生命的姿态。

甚至，在李隆基率众相继杀了韦后和太平公主之后，面对死亡，她并不惶遽失措，而是端正衣冠，大开宫门，执烛率宫人迎接杀气腾腾的义军。她拿出与太平公主共同起草的遗诏，来表明她和李唐宗室同呼吸共命运的立场。

只可惜，她的聪慧绝顶令李隆基不能自安，她被斩杀于刀旗之下，一代才女就此香消玉殒。

狄更斯在《双城记》中说："这是一个最好的时代，也是一个最坏的时代。"上官婉儿没有奥普拉的幸运，同样强大而富有魅力的她，却不得不在历史不可违逆的浪潮中沉浮。而上官婉儿又是幸运的，她短暂的人生，得以因为武则天这一段恢弘的时代插曲而演绎得流光溢彩。

在上官婉儿死后，李隆基派人将她的诗作收集起来，编成文集二十卷，令张说作序。而今《全唐诗》中尚留其遗诗三十二首——即便不能相容，然而她的风华绝代，终究令他倾倒缅怀。

面对人生的窘境，你是选择迎战去打败它，还是选择退缩被它打败？每个人都有从逆境中逆袭的主动权，这些逆境，也许来自出身，也许来自婚姻，或者来自职场。然而，是庸碌一生留下无尽的悲叹，还是善加利用凤凰涅槃？在于你如何把握你自己，诚如同奥普拉所言——成为气质女人，要从自我修炼开始。

# 薛涛：在经历中成熟

女人的一生就是不断经历、不断沉淀的过程。穿越过荆棘却依旧温暖，激流勇进仍淡定从容。譬如薛涛，追随韦皋时时刻保持着初心和风骨；邂逅元稹也不曾迷失自己，像一颗历久弥新的珍珠，即便千百年后面目模糊，却仍旧为世间留一抹莹润的余辉。

2013 年，45 岁的邓文迪以一亿美元的资产作为分手费结束了她和传媒大亨默多克长达十四年的跨年婚姻。也许有人会津津乐道她不断作为第三者上位的黑历史。然而我永远记得的是从法庭走出的她，那张冷硬的面庞和一双漠然的眼睛。岁月，已经将这个女人曾经的优雅风华消磨殆尽。

《红楼梦》中的贾宝玉在第五十九回说，女人老了，就从珍珠变成了死鱼眼睛。

也不是没有意外，贬谪途中被韦皋接回来的薛涛，是这既定的宿命里一个出了奇的变数。

韦皋遇到薛涛的时候，她刚刚 17 岁，剑眉微敛，素色湘裙，如同一茎荷花盛开在众人眼前。

有人说，真正的女神，跟漂亮无关。那是遍经世事之后，内心释放出来的一种张力。内心丰盛的女人即便不漂亮，也别有一种美丽。

薛涛早年丧父，与母亲相依为命，16 岁时沦落风尘。人世间留给她的路，只容得她淡定从容。

她是大唐开国名将薛仁贵的后代。家中无男丁，父亲薛勋视她如掌上明珠，着重授之以琴棋书画。据《名媛诗归》说：

"涛八九岁知音律,其父一日坐庭中,指井梧示之曰:'庭除一古桐,耸于入云中。'令涛续之,即应声曰:'枝迎南北鸟,叶送往来风。'父愀然久。"

和李季兰的"经时未架却"一样,"枝迎南北鸟,叶送往来风",迎来送往,被认为是女子不贞之兆。

没过几年,薛勋前往绵竹平叛。回程的路上中了暗箭,回府不久身亡。不知道唐朝因公殉职有没有抚恤金,薛勋一死,留下的孤儿寡母,只能靠变卖家产度日。

在薛勋离世后几年,薛母也郁郁而终。家徒四壁,父母双亡,从前的平安喜乐如同一场幻梦一朝化为乌有。

年少,貌美,善辩,工诗赋,通音律,这是她安身立命的全部依仗。

大唐的乐坊不同于青楼,来往的都是文人雅客,王孙权贵,他们看重外在美,更看重内在美。他们要的不是空有皮囊的美人,他们花高价要的是一个内外兼修的佳人。

而薛涛,刚好就是。

但凡这样的女子,都很清楚地知道自己身上的优势,并且懂得在适当的场合将这份优势运作得如鱼得水。她要在他面前展示自己最独特的一面，她要他这一次便记住她。韦皋这样的男人是薛涛必须要抓住的机遇。

韦皋请她作诗助兴。她作"朝朝夜夜阳台下，为雨为云楚国亡；惆怅庙前多少柳，春来空斗画眉长"。以史针砭，哪里有一丝小女子情态。韦皋拍案，为她的才冠叫绝！

他将她留了下来，酒过三巡，他对她轻言细语，她敛眉低眸，将自己沦落风尘的情由一一道来。言语间含了三分凄楚，七分无奈，彻底触动了韦皋的心肠。

过刚者易折，善柔者不败。命运的多舛早已将她折成一弯饱满的麦穗，懂得在适时的时候弯下腰来。生存和清白之间只能选择其一，她只能先选择生存。而后徐徐图之，找准一个关键点，将宿命一局扳回。

这一次宴饮后，她成了帅府宴席上的座上宾。她看得到韦皋眼中愈深的中意和漾荡的深情。她耐下心性去等，等韦皋再也忍受不了和别的男人分享她的那一天。

那一天终于来了，迫不及待独自享有她的韦皋，除去了她的妓籍，让她做了他身边的女校书。

校书，相当于今天的文秘。官职不高，门槛却很高。只有进士出身的人才有资格担当此职，同时期的白居易、王昌龄、李商隐、杜牧都是从这个职位上起身，还从来没有哪一个女子担任过"校书郎"。薛涛在数千年前的大唐，开创了女秘书的先河。

她脱离了乐坊那繁华泥泞处，迸发出新的生机。从坎坷里重生，从容地在男人的世界里，站出自己的姿态。

这份工作她做得相当得心应手。她撰写的公文，不仅文辞得当，更难得的是通篇的文采令人惊叹称绝。

他要向朝廷举荐，让她做幕僚文牍工作的女校书。她是他发掘的惊世珍宝，他恨不能把他这份成功张扬得全世界都知道，让举国的文人都嫉妒得牙缝冒酸水才好。

只可惜此时并非武皇当朝，便是寻常女子想要入朝为官，也是难上加难，何况是一个乐伎？

韦皋的一腔热情被身边一群卫道士的几盆凉水浇得偃了旗息了鼓。

女人一旦失去了清白名节，就等于失去了一切，再也逃不开"身世浮沉雨打萍"的宿命。她看透了这世态，心里落下抹不去的炎凉。

她将一腔凌云志寄托于山水。她作《朱槿花》"红开露脸

误文君，司蒡芙蓉草绿云"，来赞颂扶桑花的清润柔美；又艳
羡鸳鸯草"但娱春日长，不管秋风早"的忘情厮守。她像霍桑
笔下的白兰一样，将男权主义下内心的苦闷和压抑，全然释怀
在自然里。只有在自然之间，"她的青春和她各方面的美，都
从所谓的无可挽回的过去中恢复了，伴随而来的是她少女时期
的希望和一种前所不知的幸福"。

　　如果不是松州太过萧索凄苦，她是再也不愿回到这锦绣堆
的浮华里了。
　　作为当时成都首屈一指的交际花，她的身边从不乏陪伴，
盛名如刘禹锡，也顺蜀江而下来追逐她的艳名。她与他们唱和、
踏歌、宴饮、游历，不一而足。纵情的欢愉终于引起了韦皋的
不快。见她实在无可指摘，他便指摘她收受官员贿赂，一气之
下将她贬谪到松州边地。

　　骤然陷入这样危苦的境地，她不是不恐惧，然而韦皋对她
的贬谪已经成了定局。所谓"弃捐箧笥中，恩情中道绝"。她
意识到自己失无可失的时候，反而平添了几分淡定坦然。她的
未来和松州一样穷僻荒芜，那么还有什么不能自安呢。她游访
巫山庙、浣花溪，用诗歌将蜀地的山川名胜一寸寸描摹丈量。
　　只是，松州地处西南边陲，毕竟不是长居久安的所在，兵

祸连天而起，不久她连生命安全都没法保障。犹豫再三，她妥协了，与其说是向韦皋，不如说是向命运。心高气傲的她再度低下了头，提笔写下了那篇闻名遐迩的《十离诗》。

她将自己比作犬、笔、马、鹦鹉、燕、珠、鱼、鹰、竹、镜。而将韦皋比作自己所依靠的主、手、厩、笼、巢、掌、池、臂、亭台。因为犬咬亲情客、笔锋消磨尽、名驹惊玉郎、鹦鹉乱开腔、燕泥污香枕、明珠有微瑕、鱼戏折芙蓉、鹰窜入青云、竹笋钻破墙、镜面被尘封，而被主人厌弃。她将今日所陷不堪的境地归结为咎由自取。希望以这样精心的自轻自贱、俯首乞怜得到他的宽恕和谅解。

她知道，他只是吃醋了。他不过是要她这个轻狂不自知的女子知道，她的一身一笑都应该是他的。他将她从万劫之地拯救出来，也能再将她打回不复。他只是要给她一个惩戒，如今目的达到了，她应该再回到他身边去。

韦皋希望她依旧是他环佩明月珰。可只有薛涛知道，这一场流放，给她心里烙下多深重的伤。她与他再回不去了。

好在，唐德宗在这个时候想起了守在蜀地二十多年的韦皋，封他为南康郡王，她搬离了帅府。两人都知道，这一别，便远隔万水千山。四年后，韦皋病逝，这一别竟成了永远。

她搬到万里桥边，那里有她百花潭的宅院。脱去了乐籍，浮华去尽，名利无干，过了一段随心所欲的日子。她坐看浣溪女采莲扁舟上，作"风前一叶压荷蕖，解报新秋又得鱼"。她攀顶凤凰山，又作"今日忽登虚境望，步摇冠翠一千峰"。

出入尘世流俗。入，她是一方官吏的幕僚。出，她是守着浣花溪制得芙蓉笺的隐者。大隐隐于闹市，这一年，她35岁。

韦皋死后四年，她40岁。一个40岁的女人，已然从娇艳的玫瑰，渐渐沉静成一朵人间富贵的牡丹花。一场惊艳方才不期而至敲开了她的房门。

来人是元稹，他早就听说了薛涛的艳名和诗名，一到成都就兴致勃勃地去拜访。薛涛也是知道他的，写了一本立异标新的《会真记》，为亡妻吟了一首情深缱绻的"曾经沧海难为水"。他是长安少女圈里著名的春闺梦里人。

闭门居往来无白丁，既然他卓越别致如斯，那便见吧。没想到，这一见，让她撞到了爱情。

薛涛与元稹相遇的那一刻，他31岁，志得意满，风华正茂。42岁的她遇到他，就仿佛遇到了本该在锦绣华年里春风得意的自己。她沉醉了，陷落了。她爱他，有如珍爱自己曾经缺失的生命。

她的半生仿佛都在等待这样的一场痴狂，好将这半世的隐忍、委屈、坎坷、不甘都一一交付。而带来这场痴狂的元稹，仿佛是她的一场牡丹惊梦，持半柳而来，令她迷醉如同二八春闺人。

至于元稹是不是辜负了崔莺莺的张生原型，韦氏死后他吟罢"取次花丛懒回顾"不到两年就立刻迎娶了美妾安仙嫔，这于她并不重要。她爱的，不过是元稹带给她的激烈如同排山倒海般的新鲜体验。

韦皋带给她的是生命轨迹的改变，却永远无从弥补她的缺憾，而元稹如同她失而复得的珍宝，没有人不为已然逝去的时光能重新活过而痴狂。

可元稹只是她门前的过客，他略站了一站，便即刻赶往他的下一个目的地。他还有数不清的宏图大志要展，薛涛的小庭院关不住他蓬勃的欲望——无论是仕途，还是感情。

元稹在第 N 次官场沉浮之后，仿佛终于领悟到裙带关系的力量，于是迎娶世族之女裴淑。为了前程，他没有半分犹疑。

这段婚姻也许当真给失意的元稹带来了事业的第二春，入选翰林为中书舍人承旨学士之后，春风得意的元稹突然想起远在巴蜀的薛涛，他大概觉得，自己的荣耀应该有人分享，最好是个女人，最好，是一个为他苦守情痴的女人。

两人这一别已经过了若干年，拜时间的恩赐，热烈终会渐渐沉寂，狂热和执迷也已退潮。元稹的诗写得再旖旎多情，也缓和不了话不投机半句多的尴尬。

那就算了吧。

一年后，白居易写了一封信与薛涛："若似剡中容易到，春风犹隔武陵溪。"以元稹好友的身份，劝告薛涛对元稹死心，这个疯了魔的男人，犯了全天下的男人都会犯的病，以为薛涛这个"前女友"还在痴望中等待元稹施舍的爱情。

薛涛不是读不出他略带攻击性的轻蔑，而她已经没有必要去辩解、去回击。她业已44岁，一个44岁的女人不再渴求生活的百变，她珍惜的是眼下的安稳。

十年后，元稹去世，消息传来，薛涛唯有报以沉默。

上帝从男人的身体里抽出一根肋骨才塑造出了女人。元稹又何尝不是薛涛的一根肋骨，即便离别也无须悲泣，他出现过便添补了她空缺了半生的遗憾，人生业已完满。

择西北一隅，她建起了鸡碧坊，韦皋去了，元稹去了。这一生惨淡过，热烈过，当爱恨情仇如同浪潮从她的生命里退去，余生她将一腔情怀都付与诗文。她的风雅经过时光的沉淀，如同一坛醇酒，迷醉而香浓。

没有喧嚣，没有纷扰，唯有她的鸡碧坊，她的吟诗楼，她的人生仿佛又轮回到起点，恬静而安然。公元 832 年，在元稹去世一年后，薛涛安详地告别了这个世界。

女人的一生就是不断经历、不断沉淀的过程。穿越过荆棘却依旧温暖，激流勇进仍淡定从容。譬如薛涛，追随韦皋时时刻保持着初心和风骨；邂逅元稹也不曾迷失自己，像一颗历久弥新的珍珠，即便千百年后面目模糊，却仍旧为世间留一抹莹润的余辉。

蜕变与成长，是女人一生的大课题。

# 杨玉环：有多少宠爱，就有多少伤害

恒久的爱情和稳固的婚姻是人生中尤为重要的良性资产。而经营这一资产不仅仅需要契合的精神交流、相同的兴趣爱好，更需要的是，两人平等的灵魂和地位，并为社会关系所认同和祝福。

如果没能遇到爱德华八世，华里丝·辛普森不过是个两度离异默默无闻的女人。与爱德华半生的痴恋纠缠，使她早在20世纪30年代便成为《时代》杂志中的年度风云人物。爱德华八世为了与她厮守终生，不惜逊位，成就了传世千古的爱美人不爱江山的佳话。而因此成为温莎夫人的辛普森，也成了英国皇族的公敌，他们的婚姻遭到全英国上下的反对，她也因此背负了一生的骂名。

纳兰容若说"人生若只如初见"。如果有重新选择的机会，温莎夫人的名号和平静的生活辛普森夫人会如何选择？如果人生真的能够重来，寿王和李隆基，杨玉环会选择谁？

唐宪宗元和元年，白居易与友人游览仙游寺，途径马嵬坡。此时距离安史之乱已时隔了将近半个世纪，铮铮的战鼓和西行的车辙已经在岁月中消弭。为了纪念曾经惊心动魄、可歌可泣的过往，白居易写下了这首脍炙人口的《长恨歌》。

诗的开头便是"汉皇重色思倾国，御宇多年求不得。杨家有女初长成，养在深闺人未识"。

无论是正史还是野史，唐玄宗李隆基都以一个多才多艺，知晓音律，擅长书法的文青皇帝形象出现。设梨园，收弟子，亲自谱曲。然而他与南唐后主李煜、宋徽宗不同。李隆基的即位为大唐开创了开元盛世。即便在当下，李隆基也不失为一名事业成功、才华横溢的中年美大叔。

白居易说他"重色思倾国"，高居九五之位的他求一位窈窕淑女，也求一位知己。大概如同诗经所言"知我者谓我心忧，不知我者谓我何求。悠悠苍天！此何人哉？"可是他万万没有想到，这个知心人竟然会是自己的准儿媳。

开元二十五年，唐玄宗最宠爱的武惠妃香消玉殒。她的离世给李隆基造成了巨大的打击。他于世间最珍视、最爱重的情感寄托已经西辞而去。也许他整日念着"悠悠长天，此何人哉"来寄托哀思，也是期盼能有一个真正的知己能走进他的心灵。

而就在这时，他想起了曾有一面之缘的杨玉环。

彼时杨玉环 22 岁，是李隆基与武惠妃之子寿王李瑁的王妃。两人五年的婚姻生活共同养育了一子一女。然而一切的美满和顺在寿王的生母武惠妃去世后便戛然而止了。

寿王李瑁是李隆基的第十八子，与太子李瑛不同，他并不热衷于政事。皇位，那个金光闪闪的皇位，远不如眼前的妻子重要。而李隆基对于李瑁也并没有给予太大的政治期许，武惠妃和她所蒙受的宠爱成为这对父子之间情感的唯一牵萦。

武惠妃的去世，使李瑁失去了最有力的依托，政治上的前途完全断绝。家庭，成为他最后的避风港，貌美多才的妻子抚慰着他寥落而伤痛的心灵。

也许正是应了那句"福无双至，祸不单行"。武惠妃去世三年后，唐玄宗李隆基携宗室亲眷至华清宫避暑，本来是因循惯例的一次游幸，没想到，此一行却奏响了寿王夫妻劳燕分飞的哀音。

正如白居易所言："天生丽质难自弃，一朝选在君王侧。"五年前匆匆的一面，17 岁的她并没有给李隆基留下太深的印象。然而经过五年幸福婚姻的滋养和沉淀，22 岁的杨玉环已然从含珠带露的花蕾，全然绽放成一朵玉质香秾的牡丹，肌态丰艳地开放在唐玄宗的眼前。

就像 1930 年，第三次见到辛普森夫人的安德鲁，出乎所有人意料地与这个美国女人坠入了爱河。六年后，时为英国王太子威尔士亲王的安德鲁即位，在阿尔巴尼亚小渔港的夜晚，沉积的高山突然燃起火炬阵，成千上万的农民用火把和歌声欢迎国王。安德鲁说，这全是为了沃丽斯，因为他们知道国王爱上了她。

爱情有时候像是一个符咒，即便爱的人不当娶，哪怕她们不是最美，也不是最好，可即便是以世界做砝码，也抵不上她们的回眸一笑。

骊山一别之后，杨玉环的姿容风仪深深地印在了李隆基的心里。在武惠妃去世后，唯有这个与他相差数十载岁月的小女人，带给他空虚和疲倦的心灵一丝慰藉。此刻他不再是一个帝王，而更像是一个为情所困的普通男人。

他不能不惆怅，他与她之间，需要跨越的除了岁月，还隔着千百年来伦理纲常的鸿沟。

求之不得，寤寐思服。悠哉悠哉，辗转反侧。

——《诗经·关雎》

这相思太过煎熬，迫着他做出了决定，即便他今后要背负一个夺人妻室、败坏纲常、好色昏君的名声也在所不惜。开元二十九年，在两人相别半年后，李隆基以为生母窦德妃追福为名，下了一道《度寿王妃为女道士敕》。几乎是以强权将杨玉环的身份从王妃化成了道士。以一个冠冕堂皇的理由，从儿子的身边夺走了他的妻子。

在那个君叫臣死臣不得不死的时代，杨玉环没有回绝的余地。她不是不懂得他这道敕书的真正含义。就像当年戴笠送给有夫有子的胡蝶整整三十箱珠宝，她不是不知道应该拒绝，却又不得不当着戴笠手下的面儿，轻轻地低下头说一声"是的"。

是的，委曲求全也好，权衡利益也罢，这一声答应便教她与从前平等的婚姻告别了。

　　杨玉环被赐号"太真"，宫中人唤她为"太真妃"或直接称呼她为"娘子"。这称呼都太过暧昧不清，她在他的身边落脚，却没有一个能公之于正的身份。她不能计较，不能追问，甚至连质疑都不能够。她的人生行至而今，是多舛也好，是跌宕也罢，她只能随波逐流，哪怕世人都唤她"杨太真"，然而只有她自己知道，她的际遇由不得太认真。

　　无论宿命是葳蕤还是凋敝，她都唯有等待，等到世间的人皆忘了她的身份，等待她能够全然以他的嫔妃的姿态，堂而皇之地陪立在他的身旁。

　　一直到五年后，李隆基为寿王李瑁迎娶出身京兆韦氏的女儿为正妃。待李瑁成婚后，李隆基迫不及待地册立杨玉环为贵妃。他和她都需要一个名分，予世俗以粉饰，予爱情以正名。

　　而两人到底不是名正言顺的结合，面对悠悠之口都有着不可言说的不自信。天宝二年，李白进《清平调》三首应帝妃赏花之雅兴，一赞贵妃美艳无双，二赞其圣眷无匹，三赞帝妃情浓。

　　李龟年将奉旨求得这三首秾艳绮丽的新调谱成新曲呈玄

宗贵妃御闻。据《松窗杂录》说："太真妃持颇梨七宝杯，酌西凉州葡萄酒，笑领意甚厚，上因调玉笛以倚曲……"贵妃满盏而饮，玄宗以玉笛相合，可见这三首词的马屁拍得何其正，难怪帝妃日后"顾李翰林大异于他学士"。

可从李白的《梦游天姥吟留别》中那一句"安能摧眉折腰事权贵，使我不得开心颜"来看，他的政治前途仿佛在一夕之间同时以《清平调》作为开头和结尾匆匆地结束了。

其实古往今来，以诗赋文采得幸于君王的并不罕见，譬如西汉的司马相如以一首《上林赋》打动了汉武帝官拜中郎将，自此平步青云、飞黄腾达。而同样得帝王青眼的李白却止步于翰林学士，政治前途无望，只能做皇帝身边不折不扣的御用文人。

一句"可怜飞燕倚新妆"无端生出讥讽贬低贵妃之嫌，纵然有高力士的幕后推手。可如若不是玄宗与杨玉环心中那一根刺被谗言拨动生出隐藏不住的阵痛，以玄宗和杨玉环的文化修养，又岂会为高力士的进谗所蒙蔽，平白将青莲居士的才情辜负？

三千宠爱在一身。放到今天来说，只要是杨玉环想要的，李隆基无不任其予求。杨玉环喜欢新衣服，李隆基聘用了七百个人给她做衣服；杨玉环看上当季新款的钗玉环佩，李隆基又安排了几百个人给她打首饰；杨玉环嗜食荔枝，李隆基开辟荔枝专线一路将新鲜荔枝从巴蜀送往华清宫，让她吃个够。如此阵容的挥金如土，即便是路易十六的王后恐怕也望尘莫及。

杨玉环安然享受着来自李隆基最隆重的宠爱，也许是夺来的东西也容易失去。来自皇权的恩宠也不能免除她偶尔患得患失的不安。

于杨玉环入宫前，以唐玄宗的风流个性自然是颇多内宠。武惠妃死后，为了抚慰唐玄宗的寂寥之情，高力士入湖广历两粤为唐玄宗物色美女，到达闽地后见江采萍秀丽雅致，风韵独具，以重金相聘入宫册为梅妃。其深得玄宗恩宠多年，直至杨玉环的出现。

杨玉环不能容忍后宫有人与她平分秋色。最不能容忍的就是江采萍。一日玄宗在翠华西阁召见江采萍，偶然得知的杨玉环难以压制住满腔的妒火，怒气冲冲地直闯西阁。情急之下的玄宗将梅妃藏于屋内夹墙之中，妒悍不逊的杨玉环闯入内室见江采萍的绣鞋仍在，便忍不住羞辱江采萍与唐玄宗，恼羞成怒的玄宗一怒之下令人将杨玉环遣返母家，同时却将江采萍的鞋子和钗环佩饰封存后送还，再不提招幸。

被遣返母家的杨玉环不过离宫一日，感到心中空虚的玄宗便在高力士的"怂恿"之下将杨玉环召回。被冷落许久的梅妃不能容忍玄宗因杨玉环而加诸于她的冷漠，遂作《楼东赋》进献玄宗说杨玉环"嫉色庸庸，妒气冲冲。夺我之爱幸，斥我乎幽宫"，玄宗读后颇为动容。而杨玉环指责江采萍以隐语大发郁愤之情，恳求李隆基赐死她。这也是唯一的一次，李隆基没有顺从杨玉环的意愿。

不同于杨玉环幼年丧父寄人篱下的生活，江采萍出身行医世家，优越的出身、良好的教育，对梅花的酷爱，养就了江采萍高雅娴静、坚贞不渝的性格。江采萍带给李隆基的，恰恰是杨玉环永远也无法企及的，她不能不忌惮这个被称为"梅精"的女人。

其实诚如徐惠所言，以色侍人者，色衰而爱弛。宫中从来不乏年轻貌美的女子撞入玄宗的眼。杨玉环深知自己的地位并非一劳永固，她要在如水的恩宠之外加诸于自身更牢固的依靠。

她为杨氏满门请封，追封生父杨玄琰为太尉加齐国公，其母为凉国夫人。其大姐封为韩国夫人，三姐封为虢国夫人，八姐封为秦国夫人。甚至连原为市井无赖的杨钊，因善计筹被玄宗赐名国忠，在李林甫死后以待御史升到正宰相，身兼四十余职。杨家一族，娶了两位公主，两位郡主，玄宗还亲自为杨氏御撰和彻书家庙碑。

于是乐天在《长恨歌》中说："姊妹弟兄皆列土，可怜光彩生门户。遂令天下父母心，不重生男重生女。"杨玉环不是长孙皇后更不是阴丽华，有足够的自信不必依靠皇帝逾矩的恩赐来保全自身。未来的不确定，使她不得不借助外力的声势来彰显她的自信和强大。


而杨玉环与李隆基的悖逆纲伦而行，早已将她的后路一一堵死。没有退路的她不能不怕。

她需要拥护者，天宝三年远自突厥而来的安禄山拜杨玉环为养母，进宫朝见先拜贵妃再拜皇帝。因为安禄山的尊敬，杨玉环格外宠信这个年逾四十的"养子"，而唐玄宗索性命杨氏一门子弟与安禄山结为手足。

也正是这位亲如手足的异邦养子，彻底断送了李隆基的治世和杨氏一门的荣耀和安宁。


善于逢场作戏阴险狡诈的安禄山，因帝妃的宠幸连连加官进爵，令时为宰相的杨国忠十分不安。他先一步看出安禄山的不轨之心，遂向唐玄宗进言说安禄山一定会谋反。将信将疑的唐玄宗招安禄山进京，按照杨国忠的说法，如果安禄山有反心，必定不会进京。

　　然而出乎两人意料的是，安禄山不仅接旨即刻进京，而且在唐玄宗面前狠狠地反咬了杨国忠一口。面见唐玄宗的安禄山痛哭流涕地说："我是奚族人，不识汉字，皇上越级提拔我，以致杨国忠想要杀我。"如此一来，唐玄宗反而因其憨直越加宠信他。

　　也许一切都是注定，这一场倒行逆施的闹剧终究要有一个收尾。天宝十四年十一月，安禄山于范阳起兵以清君侧的名义直逼长安而来。随着大唐的节节败退，情急之下唐玄宗携贵妃及杨氏兄妹、皇子、皇妃、公主、皇孙、韦见素、魏方进、陈玄礼及等亲信宦官、宫人从延秋门出发仓皇西逃巴蜀。

　　行至马嵬驿，由于长期缺衣少食，一干护卫将士积郁于心的愤怒爆发了。以陈玄礼为首的一干军士一致要求处死引起兵祸的杨氏兄妹。未及唐玄宗下令，杨国忠便以谋逆罪名被军士乱刀砍杀。

　　死亡的阴影同样逼向了与杨国忠同出一脉的杨玉环。纵然有唐玄宗出言求情，可终究敌不过一干守卫将士的相逼。"六军不发无奈何，宛转蛾眉马前死。"唐玄宗令高力士将杨玉环引至佛堂赐白绫一条令其自尽。

在国体社稷面前，即便盛大如皇权，依然无可挽回她悲惨的命运。隆重的圣眷成了一把双刃剑，最终受到伤害的还是她自己。试想，如果她不是帝王的嫔妃，而仍旧是寿王的妻子，她的人生会不会就此改写？

据说当年为了辛普森夫人退位的爱德华八世，不遗余力地替夫人争取王室的封号而屡屡失败，失意的辛普森夫人将所有的怒气和轻蔑都加诸在这个为了爱几乎奉献了一切的男人身上。正如同他本人所言，空虚和乏味贯穿了他的整个余生。这样的温莎公爵夫妇真的还如同传言所云那般幸福吗？

恒久的爱情和稳固的婚姻是人生中尤为重要的良性资产。而经营这一资产不仅仅需要契合的精神交流、相同的兴趣爱好，更需要的是，两人平等的灵魂和地位，并为社会关系所认同和祝福。

最重要的是，在这一场缔结的爱情和婚姻里，两个人都应该是受益者。不会沉迷于挫折，不必患得患失，不沦落、不迷茫。而是共同从婚姻中汲取正能量来激发出那个最完美的自己。

如同黑格尔所言："让爱情和婚姻释放出其原本高尚的品质，是爱与婚姻的重大课题。"

# 鱼玄机：为爱而生，为爱而狂

爱情，于普通人是一件奢侈品，摆在玻璃橱窗里展览，可以憧憬，但未必要据为己有。生活里还有一些更实际的东西值得我们去付出，亲情、友情、家庭、事业，甚至一个可以持久愉悦身心的爱好。这些看得见摸得着的东西，往往比爱情对我们更重要。

咸通十二年，一场人命官司在长安城里传了个甚嚣尘上。咸宜观的鱼玄机杀了自己的贴身侍女。而案情的缘由无非是两个女人争抢一个男人的故事。被情爱迷了眼，蒙了心一时冲动做出无法回头的蠢事，在而今算不得稀奇。可在当时，实在不能不算一件离经叛道的大事。

鱼玄机原名鱼幼薇，婺杜人氏。出身于平凡农家，父亲是秀才，屡试不中又膝下无子，便教导了许多诗书与鱼幼薇，在宣宗八年撒手人寰，留下鱼幼薇母女艰难度日。

未满十岁的鱼幼薇丧父后，不得不随着母亲迁居到娼妓如云的长安东南平康里，与母亲靠着替青楼娼家缝补浆洗勉强为生，也正是此时她遇到了温庭筠。

温庭筠是花间派的鼻祖，一首小山重叠金明灭，开创了花间词的先河。特地造访鱼家来拜会年幼成名的诗童鱼幼薇。

见到鱼幼薇后，温庭筠临时起意，指着远远随风摇曳的柳枝，以江边柳为题，请鱼幼薇即兴赋诗。

她略略沉吟，一挥而就。曲池畔翠色绵延的荒岸，杨柳堆烟的轻愁，缤纷的花落，遥系的客舟，都在这一首五言里如同工笔绘就，徐徐铺展在温庭筠的眼前。这一首江边柳分明是考校，而她，当真给了他一个惊喜。

从此，鱼家租住的小院里便时常被温庭筠造访，鱼幼薇在温庭筠的点拨下，诗文上很快有了飞跃般的进步。

而豆蔻初成的鱼幼薇，也渐渐迷恋上了这位授之以诗文的老师。温庭筠应召前去殿试，鱼幼薇作《早秋》寄予温庭筠，希望他能读懂征人和思妇的离愁。

鱼幼薇注定要失望了，她的心思，温庭筠与其说不懂得，不如说是不敢懂得。他无法负担起鱼幼薇的大好未来。


大中十二年，宣宗主持春闱，鱼幼薇随温庭筠前往崇贞观，文人雅士功成名就的豪情打动了鱼幼薇，她在粉壁上写下"云峰满目放春晴，历历银钩指下生。自恨罗衣掩诗句，举头空羡榜中名"。

她恨自己不是男子，可以凭借才情与天下才子一较高下，建功立业施展一番拳脚抱负。可她偏偏是个女子，5 岁诵诗，7 岁成章，未及 10 岁才名满长安，本该是璀璨锦绣的人生，却随着父亲的谢世划下了分水岭，她的才学令人惊艳，她的境遇令人扼腕。


温庭筠是个懂得她的人，他看出了鱼幼薇的不甘。秉承着干得好不如嫁得好的观念，很快将她介绍给了新科状元李亿。

李亿祖上世代为官，如今因祖荫得封左补阙之职，更兼之是新科状元，才华横溢。于鱼幼薇是得以托付终身的依靠。

这一年的初春，盛装艳饰的鱼幼薇，乘着一乘花轿，成了李亿的新娘。

新婚的日子是甜美的，鱼幼薇随李亿参与到文人雅士的聚会中，将才情和美貌以"李夫人"的名义昭然于外。长久以来心中的悒郁得以纾解。她开始渐渐爱上了这个视她若珍宝的男人。

她并不知道，李夫人其实另有其人，她期冀的光明未来被妾侍两个字拦腰斩断。

成婚三月后，李亿才吐露实情，他已有正妻，河东裴氏，裴氏的父亲官拜吏部尚书。李亿虽然出身世家，然而旧族内里渐渐空虚。他需要一个强大的靠山来铺就他的锦绣前程。

裴氏的到来意味着李亿要在鱼幼薇和前程之间做一个选择。

李亿退缩了，鱼幼薇的姿色倾国胜不过裴氏身后的名门望族。美妾，只能是锦绣人生中的一个点缀，远远不能取代功名成就对一个男人的意义。他将她独个遗忘在长安城外的咸宜观里，好语安慰，让她等着他功成名就的一日，光明正大地回到他的身边。

鱼幼薇明白李亿的处境，她也痴望，终有守得云开见月明的一日。他与她终究是一对璧人，可以厮守终生。

只可惜，鱼幼薇人生的长路上，李亿从来就不是那个能陪她走到尾的人。

很多时候，痴情错付就是如此，任你盛筵珍馐，银烛高照，等待着那个来赴宴的人。而来人非但失约，甚至已经不告而别，没有解释，没有音信。剩下这一个人的晚宴，将苦涩慢慢品尝。

鱼幼薇将十年的岁月付与这场盛宴，而等待她的，却是李亿携妻南下赴任扬州的消息。

所谓的终生所约，永结为好，在高官厚禄面前变得格外的不堪一击。

咸通四年，鱼幼薇在昭义节度使府任职。女人为官在当时不算一件特别稀奇的事儿，早隔了几十年，薛涛就给大唐想步入职场的女人们做出了先例。

如果能放下相思和执念，她的人生不再时时为情转圜，转而将一腔恨不为男儿的凌云志——倾注。像薛涛，像上官婉儿。生命里总有比爱情更重要的事儿，鱼幼薇此后的人生未必算不上圆满。

可她偏偏放不下。

守着清冷的咸宜观，连原来镇日相伴一同修行的道姑也与人奔逃了。她不能忍受咸宜观和她的生命一样凄清冷僻，她想让全天下的男子都跪拜在她的石榴裙下。

依然是那一袭缁衣冠帽旧日衣衫，萧然而沉静。她改名鱼玄机。收养了几个家贫无依的孤女，养在观中，稍作调教，权且当作她的弟子。她在咸宜观外张贴榜文——鱼玄机诗文候教。绮名远播，艳帜高扬。

她与慕名而来的男人们品茗论道，把酒言欢，流连于诗文，也流连于山水。有情投意合的便收为入幕之宾，她的生命已经冷僻如斯，她享受男人们带给她的欢愉。

她遇见一个男子，俊秀疏朗，酷似李亿。她权且把他当作李亿，朝夕相伴，昼夜相欢。而这男子也不得不为了考取功名离她而去。

自此后她再无拘泥，她的访客中有的是豪富商贾，她厌恶商人铜臭，何况商人重利轻别离。哪里有什么欢乐可言，纷纷拒之门外。不过很快她就发现，商人有商人的好处。为了她可以肆意挥金，大捐钱帛，将这咸宜观堆砌得富丽堂皇。商人薄情，也不求她为他专属。他与她，以银钱易情欲，无关情爱，不过是场交易。

咸宜观本就是她纵欲的欢场，她收养的那几个徒弟，资质上乘些的被她提拔在身边。天长日久也熟谙了这迎来送往，逢场作戏的本事，替她周旋盘桓。她像是风月场上的老饕，只流连于情欲滋味，搜寻着可口的猎物，使尽解数收入帐下就好。

陈韪便是她的猎物，那日他随贵公子造访，久惯于风流场，锦衣绣服的公子哥早已经入不得她的眼。反而是陈韪，眉眼风流，清秀不俗，入了她的心。几番眼波流转，陈韪亦对她有情。相识不过三日，陈韪已然成了她风头鼎盛的座上宾。

醉生梦死的生活迷醉了她，她靠挥霍情欲来填补她空白凄惶得无从弥补的心。她老了，她渐渐力不从心。感受到她的疲态和老去痕迹的不仅是她自己，还有那个被她青眼有加的乐师。

陈韪开始敷衍她，起初她还愿意装作蒙昧不知，企图骗过自己。可时日久了，她也渐渐发现陈韪的目光开始从她的身上转向了她身边的绿翘。

那是她最心爱的徒弟，生得灵慧妩媚，最是体贴她的心肠。她还在安慰自己，男人哪一个不是得陇望蜀，早晚有一拍两散的一日。她的好绿翘不会背叛她。

可凡事便是如此，你最不愿意承认的往往就是事实，一旦揭开都透着那么点残忍。

那日她受邀去邻院赏玩，归来后不见陈韪，心中起疑。绿翘坚称是陈韪见她不在就先行走了。她令绿翘跪在堂中审问，她抓住绿翘的头，死命往墙上撞。妒火和失望交缠，已经蒙蔽了她的心，待她筋疲力尽心神回转，绿翘已然气绝身亡。

鱼玄机这才惊惶了，她匆匆把绿翘埋在花架下，极力地掩饰着死亡带给她的恐惧。直到一日她照例在观中大宴宾客，被来访的人发现了埋在花土下的尸体。审问之下正是消失了很久的绿翘。她很快被镣铐加身，她曾经的裙下之宾推她锒铛入狱。

她被押赴刑场的一日，依旧是缁衣素服。刑台下的纨绔子弟、达官显贵，在争睹了她冠艳绝伦的生之后，又来观赏她哀婉凄清的死。目睹这个为了情爱癫狂到嗜血的女人，究竟如何死在刽子手的鬼头刀下——

她不惜以安稳人生来期冀情爱带给她的温情和她一道成了刀下的亡魂。

还记得张靓颖那首为电影《夜宴》打造的主题曲吗？"只为一支歌，血染红寂寞。只为一场梦，摔碎了山河。"我们的身边也常常有这样的姑娘，一场恋爱就让她伤筋动骨，一次吵架足以令她山河晦暗，甚至为了一个并不充分的理由，就此走上绝路。比如翁美玲、陈琳，比如安娜·卡列尼娜，她们的爱情里看不到希望，看不到正能量。如果一定要以一个词来概括，那就是惨烈。

　　所以，有时候我不得不奉劝那些把爱情当信仰的姑娘：爱情，于普通人是一件奢侈品，摆在玻璃橱窗里展览，可以憧憬，但未必要据为己有。生活里还有一些更实际的东西值得我们去付出，亲情、友情、家庭、事业，甚至一个可以愉悦身心的爱好。这些看得见摸得着的东西，往往比爱情更重要。

# 李清照：人生不过一场绚烂花事

最美丽的花朵往往开得出自己的姿态，她不为了迎合谁，将自己打造得失却了本真；也不为了将就谁，而跌落高高的枝头，断绝了漫漫的人生长路。

她的凋零，是予这灿烂的一生一个结尾。零落成泥碾作尘也好，化作春泥更护花也好，她的结束也是一场盛筵，凋落枝头，却依旧令人无可忘却，那一处曾有动人花开。

暗淡轻黄体性柔，情疏迹远只香留。何须浅碧深红色，自是花中第一流。

梅定妒，菊应羞，画栏开处冠中秋。骚人可煞无情思，何事当年不见收。

——李清照《鹧鸪天》

遍数古代文学史，打过离婚官司，蹲过大牢的女性文学家，除了李清照还真没有第二位能与之比肩。这位纵横在两宋词坛的传奇女子，以词写人生，之喜乐，之哀苦。仿若人生果真如同《鹧鸪天》里的那枝头桂花，馥郁于初秋，凋零于初冬。一场花事在四季轮回的末季前开始，在终结处结束。仿若人生，在日薄西山的王朝展开篇章，随着王朝的没落而渐渐衰落告终。

"骚人可煞无情思，何事当年不见收。"她是两宋历史上不可泯灭的一笔余晖，她是史书工笔里不该被忘却的香草美人。

大约是出身于书香门第的缘故，李清照的诗词字里行间都透露着凡俗少女不可多得的敏慧和灵动。"斜飞宝鸭衬香腮"也好，"眼波才动被人猜"也好，闺阁少女的天真烂漫，娇羞和动人，都洋溢在诗词的字里行间。

她的出身优渥，父亲李格非是北宋有名的"后四学士"之一。因文采出众，学识渊博，颇具风骨，因此在苏门三学士之后，被统一冠以四学士之名。

李格非藏书甚富，善属文，工于辞章，而为人颇为刚正。曾经在河北任职期间，有个道士因为能预言祸福，且言之必中，在当地颇受鼓吹，出门必有车马排场。结果有一日路遇李格非，为官一任的李格非当街令身边的衙役差使将车马之上的道士揪出来，一顿好打赶出当地，一派刚直文人秉性跃然其间。

李清照曾经在《金石录后序》中说"赵、李族寒"，这个寒，未必是寒微。李清照与赵明诚皆醉心于金石，而金石的来源往往是典当衣物而来。这个寒，大概是贫寒了。李格非也好，赵挺之也好，于政坛并非一帆风顺，提供给儿女的生活条件自然有限。

然而即便如此，却丝毫不影响李清照少年时期和青年时期活泼明快的文字风格，大概是"少年不知愁滋味"，内心的满足和未来的憧憬占据了她更多的思绪。

常记溪亭日暮，沉醉不知归路。兴尽晚回舟，误入藕花深处。

争渡，争渡，惊起一滩鸥鹭。

——《如梦令》

盛放的荷花丛中正有一叶扁舟摇荡，舟上是游兴未尽的少年才女，全然是少年自得，无须雕琢自成一番韵态的好心致。李格非虽然给不了女儿奢华的生活，却给予了她自由的空气，以更浩大的赠予来丰富了她的精神世界。

北宋重文墨，她绚烂的才情在文化气息浓郁的汴京掀起了轩然大波，王公贵族的纷纷求娶令她成为汴京城中一时最炙手可热的闺阁名媛。然而荣华也好，权势也罢，都没能打动这个少女，偏偏时为太学生并无官职的赵明诚撞进了她的眼眸。


蹴罢秋千，起来慵整纤纤手。露浓花瘦，薄汗轻衣透。

见客入来，袜刬金钗溜。和羞走。倚门回首，却把青梅嗅。

——《点绛唇》

轻纱薄汗、鬓发微乱的少女从庭院里匆匆闪避，走到回廊想想又不甘心，回廊尽头处一株青梅初成，半敛娇容，回首轻嗅，状似有心状似无意的一瞥，将那羽扇纶巾的少年郎落入眼眸。带着几分窃喜，带着几分得意，再轻轻快快地踩着步入到那庭院深深之处。

来人是赵明诚，这惊鸿照影的一瞥，于两人都并非初见。

朱淑真说"月上柳梢头，人约黄昏后"。两人的初见便是在元月的花灯月影之下，赵明诚和李清照的从兄李迥外出游玩，在相国寺赏花灯时与李清照初见。这是一场仙姿盛大的相遇，震撼到令赵明诚无可自拔。

　　他陷入和所有暗恋中的男子一样纠结缠绵的情愁里去。他想求娶她，可是父亲赵挺之和李格非在朝堂上对立良久。待要放弃，又从心里纠缠着血脉生发出不甘、不忍。他又怕这朵阆苑仙葩哪一日在他之前被折了去，留给他无尽的遗憾。

　　盘桓再三的赵明诚终于想到了一个两全其美的主意，他对父亲说，他做了一场梦，梦中遗诗三句"言与司合，安上已脱，芝芙草拔"，含蓄而委婉地表达出自己想为"词女之夫"的夙愿。

　　赵挺之如何权衡去提这门亲事，至今已不得而知。史书工笔所云，宋徽宗建中靖国元年，李清照与赵明诚完婚，她的风华绝代，她的才貌双全，终于都只属于他一个人了。


　　纵然出自父母之命，媒妁之言。于这门亲事，李清照是憧憬的，是认可的。李清照是父亲的掌上明珠，如果不是得了她的首肯，即便赵明诚百般求娶，恐怕也不过和那些自顾蜂狂蝶乱的王孙公子一道，被拒绝在李小姐的心门之外。

　　她的"一面风情深有韵"，她的"半笺娇恨寄幽怀"都只为真正对的那个人。这是她的诗篇才华之外的，身为小小女子不流于俗的一点儿小小智慧。

在情感的世界里，不是合适的人就一定相爱，不是相爱的人就一定合适。林林总总的排列组合凑成的结果，可能是天作之合，也可能是世事弄人。而最好的结果，莫过于在最适宜的时间里，你眼中唯有一个我，我心里只有一个你，世间再无诱惑，人生亦无蹉跎。

《金石录后序》中记载，李清照嫁给赵明诚时，赵明诚只是太学生，还没有正式的官职，夫妻二人没有收入。然而两人对金石研究的热爱不减，"素贫俭。每朔望谒告，出，质衣，取半千钱，步入相国寺，市碑文果实。归，相对展玩咀嚼，自谓葛天氏之民也。"

纵然李格非和赵挺之都是朝中高官，夫妻二人的经济条件却远不如外界揣测得那么优越。两人同好金石研究，偶遇心爱之物，宁可典当衣衫。也许早上出门赵明诚还穿着的貂裘，晚归时就成了一卷字画或宗器之物。李清照从不苛责，她不是不知道两人捉襟见肘的现状。可是成全他和她厮守的，无非是一个懂得。

她知道他爱的是什么，他知道她一定会答应。所以闹上一闹，权当是夫妻间的一点儿生活情趣。

在男人的世界里，妻子代表的是柴米油盐。交心交肺懂得自己的只能是红颜知己。其实真正的懂得，哪里还有人胜得过枕边人，连你呼吸的频率她都记得清楚，哪里还会不明了他的几分心思爱好，只是红颜知己流于表，而糟糠之妻蕴于心罢了。

她们愿意委屈自己去迁就，来成全丈夫的名士风流。而将柴米油盐的琐碎留给自己应对。然而这样的牺牲也只有恰逢懂得的人，如赵明诚与李清照，这样的成全才平添了相濡以沫的温馨。

在赵、李成婚二年后，赵明诚才被委任官职，夫妻二人有了独立的经济来源。赵明诚雅好不改，李清照也有意成全。赵明诚遍访游览只为收罗天下古文奇字。有一个人拿来一幅南唐徐熙所画的《牡丹图》，两人爱不释手地把它留了两夜，最终还是被二十万铜钱的高价打败，不得不还给卖家。两人为此相对怅惘了多日。

所谓同甘共苦，其实哪里用得到等天灾人祸、倾家荡产的时候才见分晓。赵明诚看着与自己一道，为了一副古画愀然不乐的妻子如何不心怀感慰。满腔的郁闷因为一位和自己同悲共喜的知心人而消解，这何尝不是一种分担？

《媳妇的美好时代》里余味对情敌李若秋说："我们两个人的生活乐趣是什么呢，是我们通过自己的努力，共同买辆车，我们这个月在一块儿存钱，能够买一个车轮子，下个月再存钱就买了方向盘，再下个月我们就买了后备厢，再下个月我们就买了一辆车，也可能买的车车不贵很便宜，只是一辆QQ，这个车就权当练手了，练会了之后，随着以后越来越好，我们会买更好的车，这就是我们两人的快乐。"

因为有爱情，所以婚姻里的酸甜苦辣、鸡毛蒜皮都能被包容。所以大着舌头的余味就敢和强势情敌李若秋说："我给毛豆豆的，你这辈子都给不了。"


所以，即便之后李清照的父亲陷入党争被罢官停职，公公赵挺之面对儿媳的哀求置之不理，赵李二人依然不离不弃。何尝不是对懂得的一种报答？

李清照是一位率性女子，文人傲骨在血脉里根深蒂固。公公的冷漠令她怒不可遏。她大胆地冲进赵挺之的书房献诗，指责公公"炙手可热心可寒，何况人间父子情！"多年官居高位的赵挺之自然不能容忍一介小小女子对他的当面冒犯，何况这个人还是他的儿媳。

在府门之内容纳一个犯官之女，他感到这是说不出的冒险。于是他亲自向皇帝进言，禁元祐党人子弟居京；辛巳，诏：

"宗室不得与元祐奸党子孙为婚姻""尚书省勘会党人子弟，不问有官无官，并令在外居住，不得擅自到阙下。"强行拆散了儿子儿媳，这还不足以让他放心，他要让李清照在京城无立锥之地，遣返了李清照回乡，那么为儿子休妻再娶，就成了顺理成章的事儿。

在《金石录后序》中，李清照略过了如何度过这一段艰难的时光。刚刚体味到婚姻和爱情的甜蜜，却不得不屈从于强权。两人当然不能效仿莎翁笔下的爱侣一同赴死，而生又何其难？

面临亲情和爱情的冲突，仿佛爱情都显得太过不堪一击。也许是两人诚可达天，也许是北宋腐朽的政权早已容不下一日的山河安稳。在两人分离不久，赵挺之在党争中落败，之后两起两落，不幸病卒。

赵挺之死后，遭到死敌蔡京的诬陷，赵氏家属亲戚悉数以犯官亲眷之故入狱。蒙受了四个月的牢狱之灾，获释的赵明诚早已经看淡了权势荣华，携李清照返回老家青州，开始了屏居乡里的生活。

赵明诚一次外出未归时，李清照以一阕词满怀情思诉说于丈夫。收到词的赵明诚惊叹之余，起了与妻子一决高下的心思。当下闭门谢客废寝忘食三天，最后得词五十首，中夹杂李清照的词，叫人评鉴，不料友人品鉴半晌，只道三句最佳，赵明诚忙问是哪三句，友人出言："莫道不销魂，帘卷西风，人比黄花瘦。"由是赵明诚对妻子的才学更是心服口服。

此事正是发生在青州乡居其间。青州的十年生活无疑是李清照这一生中最幸福美满的了。纵然处于忧患愁困的境地，可难得的安然厮守，满足了两人一贯而来的夙愿。纳兰容若曾经《浣溪沙》中说"被酒莫惊春睡重，赌书消得泼茶香"。典故便是采自李清照与赵明诚的一段逸事。自幼博闻强识的李清照，与丈夫赌书，指着堆积的书史，说某一典故出在某书某卷第几页第几行，以猜中与否决定胜负。自然是易安居士输少赢多，每每赢过丈夫太过开怀，一杯茶都扣到身上，反而没喝一口。两人的兴味所致，哪里是茶，是这难得欢愉的缱绻相守罢了。

苏格拉底说："务必要结婚，娶个好女人，你会很快乐。"本来是因为赵挺之一己之私，将赵、李两家陷入万险万难之地，面对赵明诚的不愧疚，李清照用她的方式，全心全意地经营着两人的婚姻。居"归来堂"自号"易安居士"，风雅而不失巧妙地化解了婚姻中的困厄和不安。

有妻如斯，夫复何求？在李清照 31 岁时，赵明诚为其画像题字："清丽其词，端庄其品，归去来兮，真堪偕隐。"这

个有些内敛的文弱书生也以自己的方式，表达出对妻子的一腔
眷念和爱重。

　　青州十年的光阴记载了两人的平安喜乐，更是为后世春秋
留下中国最早的记录从上古三代至隋唐五代以来，钟鼎彝器的
铭文款识和碑铭墓志等石刻文字的金石目录和研究专著《金石
录》。能以一己之爱重成全，功在千秋万代，这样的婚姻如何
能不完满。

　　真正良好的婚姻，不是两个完美无缺的人的无上结合。而
是通过婚姻包容、弥补彼此的不足，一同成长。看似完美的结
合未必不会步入消极无可挽回的破裂境地，看似不太完满的结
合，未必没有一个长久的未来。婚姻的完美，或多或少都潜藏
着几分悉心呵护的温情。

　　如果没有战乱，人生已然行至中年，长相守而终老将是他
们最完美的结局。

　　宋钦宗靖康二年、高宗建炎元年，金人大举南侵，俘获宋
徽宗、钦宗父子北去，史称"靖康之变"，北宋的这一场巨变，
直接改变了李清照的人生。

　　同年八月赵明诚为母丁忧，南下江宁。而后任江宁知府，
独留李清照一人在青州。不久青州兵变，李清照去繁就简地收

拾了十五箱金石之器南下与赵明诚团聚。

　　一路风尘仆仆，不惜动用大智大勇保护丈夫心头宝的李清照历尽千难万险只为了保全这些留存着国之风骨的无价之宝。这其中的艰辛，若不是挚爱，又有几个人能忍受？

　　挚爱的是丈夫，何尝不是这些国之珍宝？将大爱袖之于怀袖，于硝烟战火的离乱里，一个女子的背影，清俊挺拔如同梅骨，放大了一个民族的气节。

　　《清波杂志》有云，李清照至江宁后，雪日每登城远览以寻诗，对朝廷的言和苟安深为不满，便以诗句讽刺当局不思收复国土，甘愿偏安一隅的委顿和怯懦。

　　生当作人杰，死亦为鬼雄。

　　至今思项羽，不肯过江东。

——《夏日绝句》

　　这首绝句写于建炎三年，与其说是讽刺当朝，不若说是警示给丈夫。当年二月御营统治官王亦叛乱，赵明诚不思守城反攻，却越墙逃跑。连妻子亦不顾。心灰意冷的李清照行舟至乌江，追念楚霸王宁可一死以谢江东父老的壮举。不免慨叹，不久后，因弃城逃跑被罢官的赵明诚被起复赴湖州上任，临行嘱咐李清照关照好他的宗室之器。两人都没想到这一别，竟然成了永远。

《金石录后序》中说，赴任荆州的赵明诚"涂中奔驰，冒大暑，感疾。至行在，病痁。七月末，书报卧病。余惊怛，念侯性素急，奈何病痁，或热，必服寒药，疾可忧。遂解舟下，一日夜行三百里。比至，果大服柴胡、黄芩药，疟且痢，病危在膏肓。余悲泣，仓皇不忍问后事。八月十八日，遂不起，取笔作诗，绝笔而终，殊无分香卖屦之意"。

后序写于赵明诚亡故之后，寥寥数笔将亡夫最后的日子代过。然而在当时，战火纷飞、兵荒马乱的情境里，得知丈夫卧病而不能相见，待相见丈夫已然病入膏肓，相守日短，阴阳两隔。苦乐相携二十余载，而今后只能化为一场追忆。

死生契阔，与子成说。执子之手，与子偕老。是诗经里的士兵最后的哀歌。有多甜美的期冀，这曲哀歌听来便有多凄婉伤恸。动荡山河里的爱情，大抵都带着显而易见的苍凉。

杜甫说"国破山河在"，山河仍在，流荡在外的游子便有了归属。而李清照心中的河山，在赵明诚逝去的那一刻，摔碎了。

四十九岁的赵明诚，带走了赌书泼茶、带走了琴瑟在御。从此她是未亡人，是山河零落间的一缕幽魂，带着生命中无可填补的空白，带着眉间心上无可愈合的伤疤。

庭院深深深几许？云窗雾阁常扃。柳梢梅萼渐分明。春归秣陵树，人客建康城。

感月吟风多少事，如今老去无成。谁怜憔悴更凋零。试灯无意思，踏雪没心情。

——《蝶恋花》

"人客建康城"，她来建康是为了厮守，而今斯人已去，踏遍河山又如何，不论何处于她都不过是客居了。

唯余下赵明诚与她二人心血收集的十五箱文物，既是亡夫遗留的唯一珍宝，也是国之重器与她的余生相伴。

面对孀寡，有一类女人如陆小曼，把报丧的人都关在门外，然后在遗孀的名分之下渐渐枯萎。也有一类女人如江冬秀，大悲之后，井井有条地打理亡夫的丧仪，整理亡夫生前的点点滴滴留存珍视，连他之前的不好，都一笔勾销，泯然在岁月里。

李清照无疑属于后者。赵明诚过世后，她尽心尽力地保护着他们的文物。她先是打算追随赵明诚保护高宗伯母隆裕皇太后的妹夫，希望能借他之力保护国宝。却不想，南昌战火一起，所托之人护送隆裕皇太后南下逃窜，将大批书卷和金石拓片毁于一旦战火。

无所适从之中，忽然传出消息，说赵明诚生前曾将一把玉壶赠予金人，落在李清照耳中的传闻想必更为不堪。加之赵明诚生前弃城逃跑，即便斯人已逝，她却不能容忍旁人如此毁谤于他。

下定决心为丈夫洗清不白之冤的李清照，遂决定搜寻高宗的脚步，将这批国宝献给国家以此洗刷亡夫的冤屈。然而徽宗太过怯懦，他太担心自己重蹈徽、钦二宗的覆辙，这一路逃亡连大臣都甩将开外，何况是李清照一个弱女子？几件国宝的归属，与堪忧的性命之虞相比，高宗已然给出了答案。

寥落的国宝被毁于战火，失盗。她想紧紧地握住这最后的一点儿心灵寄托，然而过往也好，国运也好，国宝也罢，都如同指间的细沙，握得越紧流失得越快，最后留给她的是满目的狼藉和空白。


愁苦交加的她大病了一场，双溪舴艋舟也载不动的愁，她已经不愿示于人前，索性和着苦药咽下不提。她想像桂花一般馥郁如初，却陷入了一场更为凋敝的寒冬。

张汝舟的出现并不是偶然，她的声名太显赫，也太令人觊觎。也许是张汝舟给予她的温暖与赵明诚太过相似，也许是病体缠绵的她太需要一个依靠。四十九岁的她，不顾众人的反对，带着几分憧憬，几分期待，一意孤行地嫁给了张汝舟。

不想刚刚重缔连理不久，张汝舟就露出了他的本来面目。他觊觎她的财富，那些她誓死守卫下来的国宝。如梦方醒的李清照无比地愤慨和羞愤。她不能够玷污赵明诚留给她唯一的精神食粮。誓死护宝的李清照惹恼了丧心病狂的张汝舟，被毫不客气地抱以了老拳。

她从未曾料到，她的生活有一日会不堪如斯。她不能忍受张汝舟的粗暴和贪婪，在成婚不足一年之后，李清照举报张汝舟，瞒报、谎报自己考试的次数，实属欺君大罪。此事甚至惊动了宋高宗，张汝舟被判罢官流放，而李清照也为此背负了牢狱之灾。

按照大宋律例，凡是妻子状告丈夫，都要受两年的牢狱之灾。李清照付出的代价惨重，也不能改变要和张汝舟一刀两断的决心。

糟糕的婚姻是人生的不良资产，如果不加以决心从人生中剥离，那么不良的资产有一天终于会将你拖到油尽灯枯，再无反抗之力，再将你一举摧毁！

李清照明知其间利害而所为毫无畏惧，她不能为一次错误的选择泯灭了风骨。与张汝舟离婚后，李清照在远亲綦崇礼的帮助下被保释出狱，自此，她才从张汝舟所带给她的苦难中逃离出来。

她写《投内翰綦公崇礼启》给綦崇礼，讲述了她遇到张汝舟的全过程。她痛恨自己为张汝舟所蒙蔽，却丝毫不曾后悔嫁与张汝舟的决定，即便声名狼藉，即便传言四起。

经得起岁月繁芜，给得起生活需要支付的代价，hold 住才是一个女人成熟的本质。

寻寻觅觅，冷冷清清， 凄凄惨惨戚戚。乍暖还寒时候，最难将息。

三杯两盏淡酒，怎敌他、晚来风急？雁过也，正伤心，却是旧时相识。

满地黄花堆积。憔悴损，如今有谁堪摘？守着窗儿，独自怎生得黑？

梧桐更兼细雨，到黄昏、点点滴滴。这次第，怎一个愁字了得！

——《声声慢》

她的一生都如同一场旧梦，花开无言，花落无声。守着最后遗留不多的生命，李清照将最后的情思都留在了诗词里，风住尘香花已尽也罢，寻寻觅觅冷冷清清也好。她的生命在笔墨之间流芳。

在她身后，有人称赞她铮铮傲骨，气节不输须眉。有人也指摘她与张汝舟一段荒唐的婚姻最终致晚节不保。她的才情誉满于世，她的非议也随之而来。

梅艳芳唱道"女人如花花似梦"，女人果然如花，从含苞待放到开到荼蘼，便是女人的一生。也许你开的并不十分讨人喜欢，可这世间哪有花朵能百分之百为众人所爱。你喜欢玫瑰，我偏偏觉得艳俗；你喜欢百合，我却觉得太过素净。

最美丽的花朵往往开得出自己的姿态，她不为了迎合谁，将自己打造得失却了本真；也不为了将就谁，而跌落高高的枝头，断绝了漫漫的人生长路。

她的盛放像一场盛大的仪式，从阳光从雨露，尽兴得开出个缤纷灿烂，在五彩斑斓的花园里，不夺目也不落魄。

而她的凋零，是予这灿烂的一生一个结尾。零落成泥碾作尘也好，化作春泥更护花也好，她的结束也是一场盛筵，凋落枝头，却依旧令人无可忘却，那一处曾有动人花开。

三毛说，你若盛开，清风自来。懂得收放自珍的女人，用尽一生演绎的是一场绚烂的花事。

# 李师师：人生很短暂，但很华丽

容身青楼还能与天子扯上关系的女人能有几个？便是而今，李师师这个连结局都扑朔迷离的女人，不用任何的炒作，便以半生说明了什么叫「我即传奇」。

李师师原本不姓李，姓王。父亲是东京汴梁城内的染坊老板。为保她长命百岁，美满无虞自幼将她寄名佛寺。老僧为她摩顶，她突然大哭。老僧人认为她很像佛门弟子，因为大家管佛门弟子叫"师"，于是给她起名为师师。

也许，是佛法已然参透了她此生的命数。她的名讳并未给她带来平安喜乐的生活。师师四岁时父亲以罪入狱，病死狱中。大概是父亲获罪没收了财产，所以年幼的她只能流落街头。在还不知道沧桑为何物的时候，遭逢了人生的第一场劫数。

北宋青楼事业之发达远胜过之前的其他朝代。大概是山河动摇，人心惶惶，唯有声色犬马可以暂时地麻醉人们的惑不安，由是三教九流、达官显贵都选择青楼作为消遣暂避之所。

正是在这样的大背景之下，流落街头孤苦无依的师师，才被经营青楼的李蕴收养，作为一颗来日新星的预备役种子留在这勾栏曲台之地。

四岁，易姓不更名，人间便多了一个留待来日的幼女李师师。

彼时的青楼与现在的烟花之地多有不同，从来不乏才华横溢的女子。如后日的秦淮八艳，柳如是、寇白门、马湘兰等等。也大多出身低微，自幼接受的就是沉浮于声色之间的才艺。而人的天赋，从来不因为出身论。因此，她们的诗词、曲赋，甚至丹青笔墨令世人称奇。

也许是多年的经世历练令李蕴独具慧眼，她令李师师自幼学习琴棋书画，从小狠抓她以歌舞娱人的看家本事。也是李师师天资聪颖，资质秾厚。九年后，十三岁的李师师在汴京甫一亮相，立即飙升到青楼歌女排行榜第一名。一时"五陵少年争缠头"，李师师在汴梁城就此走红。

当时北宋的内忧外患远不如一个色艺俱佳的女子更能激起东京汴梁城上下大小官员们的关注度和征服欲。

于是在大小官员的一致努力之下，李师师迎来了她的事业生涯中级别最高的客户——徽宗赵佶。

徽宗赵佶是有名的才子皇帝，也是风流皇帝。史上曾将他和后主李煜并称，宋徽宗擅丹青、独创"瘦金体"书法。于才学上不论是书法界，还是绘画界都做出了卓越的贡献。相较于皇帝，他更适合做一个画家或者学者。

才子风流这四个字，在赵佶身上得到了"完美"的体现。赵佶好女色，后宫中妃嫔如云，数量惊人，史书有"三千粉黛，八百烟娇"之记载尽言宋徽宗后宫人数之繁。镇日沉湎在女色之中的徽宗，却也不忘了猎奇。

一日徽宗偶然在团扇上题诗"选饭朝来不喜餐，御厨空费八珍盘"。因一时词穷，遂名一大学士加以赋续。那大臣倒也机灵，揣摩到徽宗赵佶的心思，遂续道"人间有味俱尝遍，只许江梅一点酸"。不得不感慨，北宋的文官武将，置国家山河于不顾，却纷纷忙于阿谀奉承，借此升官发财。

这位学士的"一点酸"正是走红京师上下的李师师。见惯了后宫佳丽的宋徽宗，在高俅和王黼的引荐之下，令李师师在樊楼见到了这位高居庙堂之巅的九五之尊。

这一场初见，带给宋徽宗的是别样的震撼。以至于李师师宠冠京华很久之后，徽宗身边某些耐不住好奇和嫉妒的嫔妃悄悄地问起徽宗，这个沦落烟花柳巷之地的李氏姑娘的好处。

徽宗神色倒是平和："没什么，只要你们穿上一般的衣服，同师师站在一起，就马上会显示出一种明显的差别，那一种幽姿逸韵，完全在容色之外。"

幽姿逸韵，单单这四个字便将李师师淡雅从容的个性一语道尽，作为文人和情人，徽宗的确不俗。

事实上，徽宗与李师师的第一次见面却算不上多么愉快。

为了遮掩身份，徽宗以商人赵乙身份探访樊楼。命太监张迪送去裘衣、彩缎、珍珠、金银，却不想，赶来和佳人会面的徽宗直等到夜过三更，才见到不施粉黛，一身素衣，姗姗来迟的李师师。

清高自矜的李师师完全没有将这个散发着铜臭气的赵乙放在眼里。徽宗问其年龄不答，再度想问，李师师干脆离席径自取了瑶琴自顾自奏起了《平湖秋雁》，乐曲连奏三遍，鸡鸣破晓，李师师也不送客径自起身，扭头走了。半分颜面都没有留给这位九五至尊。

不想正是李师师这一番满不在乎，视金钱如粪土的样子，反而打动了宋徽宗。他越发觉得这个小女子不凡，纵然沦落烟花之地，却别有一番难得的孤傲清高。看惯了也看腻了后宫嫔妃邀媚争宠、极力讨好姿态的徽宗，像是面对一桌子琼脂佳酿，却不想一盏酸梅汤反而令徽宗开怀。

正如身价过亿的郭台铭迎娶曾馨莹的唯一理由就是"因为她的身上闻不到钱的味道"。

"留下鲛绡当宿钱"在李师师面前，九五至尊终于能卸下一身的包袱，从宋徽宗彻底变成了赵佶，变成了一个普通的男人。他可以尽兴地挥洒他的情意，以他随心的方式，没有任何企图，也没有任何的要求，像是一场最纯挚的情事，牢牢地拴住了这位大宋天子的心。

世间万事万物都是个矛盾体，对立的统一。看似是人生进击中的短板，未必就不会变成来日所向无敌的长戈。

正是因为人生的这一段巧合，李师师的身份从炙手可热的当红头牌成为帝王私人珍藏。徽宗不仅斥重金重修了樊楼，还不惜以他举世无双的瘦金体钦赐"杏花楼"三字。高悬于楼上，向天下人昭然着他的风流韵事。

不仅如此，为了方便与李师师会面，徽宗还命令人从皇宫向东至李师师的杏花楼前修了百十来所房子，外加围墙设为夹道。以此方便徽宗往返于樊楼与皇宫之间。

得幸于徽宗的李师师立刻告别了从前夜夜笙歌、众星捧月的生活。爱情都是排他的，男人都是自私的，尤其是之于皇帝，他不允许她接待外客。但是也有例外，周邦彦就是那个例外。

周邦彦，是北宋著名词人，字美成，号清真居士，精通音律，曾作"叶上初阳干宿雨。水面清圆，一一风荷举"等名句而闻名于世。周邦彦时任开封府监税官，是朝廷委以重任的京官。因才华横溢颇得李师师青眼。

一日周邦彦来与李师师相会，却不想徽宗突然到访，慌乱无措之中周邦彦不得不钻入床底藏身。宋徽宗揭帘而入，李师师忙迎了过去，相拥而坐，随后令侍者献上新橙，李师师素手剖橙，二人尝新橙、叙情话、吹笙曲。不觉夜已深浓，徽宗因染疾未愈不能款留，遂别过师师离去。

亲耳见证了天子嫖宿青楼的周邦彦虽然吓出了一身冷汗，从床下爬出，可又觉得这一番经历好笑。遂将这一番见闻，谱作词曲《少年游》赠予师师。

并刀如水，吴盐胜雪，纤指破新橙。锦幄初温，兽香不断，相对坐吹笙。

低声问：向谁行宿？城上已三更，马滑霜浓，不如休去，直是少人行。

才子到底是才子，寥寥数笔将带着橙子来献宝的徽宗，与李师师一番旖旎缱绻勾勒得惟妙惟肖。李师师不觉击节称赞，披衣抚琴，低声吟唱，甚是喜欢。

隔了几日，徽宗造访杏花楼。李师师一时兴起将这首《少年游》唱与徽宗。当时日情境在词曲间历历在目，徽宗立刻意识到自己造访那一日还有人留在房中。得知写词作曲的人是周邦彦，徽宗不由得恼羞成怒，那一日李师师因为惦记着还屈身床底的周邦彦，对徽宗一番款留，令徽宗难分难舍。却原来这一番小意奉承是另有隐情。

徽宗不舍得发难已经愧悔交加的李师师。第二日上朝以税额不足为由，命丞相蔡京罢黜了周邦彦的官职，将他逐出京师。

李师师与周邦彦都想不到因为一首词将周邦彦的前程都一笔断送。也许是出于愧疚，也许是出于侠义。在那个从来是英雄救美的时代，李师师用智慧上演了一场美人救英雄的好戏。

拔除了周邦彦这个情敌，宋徽宗气定神闲地前往杏花楼看望李师师。却不想等到近更时分还不见李师师回来。直到初更，李师师才乘着夜色归来。

已经等到不耐烦的宋徽宗，一见李师师多有不快，正要发作，却见李师师满面愁容，泪盈于睫，不由得心软下来。这才得知，李师师之所以漏夜归来，正是去送别远行的周邦彦。

试问有几个人有这般胆色，天子贬谪的犯官且不说避之不及，还敢去款送至漏夜才归。也单单只有一个李师师。李师师以一曲新词《越调·兰陵王》唱与徽宗。

柳阴直，烟里丝丝弄碧。隋堤上、曾见几番，拂水飘绵送行色。登临望故国，谁识京华倦客？长亭路，年去岁来，应折柔条过千尺。

闲寻旧踪迹，又酒趁哀弦，灯照离席。梨花榆火催寒食。

愁一箭风快，半篙波暖，回头迢递便数驿，望人在天北。凄恻，恨堆积！渐别浦萦回，津堠岑寂，斜阳冉冉春无极。念月榭携手，露桥闻笛。沉思前事，似梦里，泪暗滴。

待歌至"酒趁哀弦，灯映离席"，几乎是歌不成声，宋徽宗听了不觉凄然，深爱李师师一番侠义胸怀。对周邦彦也生出几分爱才之心。遂下旨赦免周邦彦，召其为大晟乐正，填词谱曲，两人反而成了知音。

李师师懂得，周邦彦不过是一介文人，他们的相交除了志趣相投，更是相对横生"同是天涯沦落人"的感怀。

在李师师的一番周旋之下，本来冒犯龙颜的周邦彦非但没有真正获罪，反而因祸得福成为宋徽宗身边的红人。就此也化解了李师师抗旨私会的平地风波，不可谓不高妙。

自幼流落于烟花柳巷的李师师，于坎坷的世事有着最了然的透彻。所以在施耐庵的《水浒传》中，品貌出众而侠肝义胆的女子，也唯有一个李师师。

靖康二年四月，金军攻破东京掳走了徽、钦二帝以及大量赵氏皇族、后宫妃嫔与贵卿、朝臣等共三千余人北上金国。延绵了 167 年的北宋就此灭亡。而李师师的传奇似乎也因为国运的骤衰而戛然。

对于李师师的最终归宿历史上众说纷纭，一说是北宋灭亡后金朝统治者爱慕其美貌，为佞臣张邦昌献于金营，气节不失的李师师怒斥张邦昌叛国失节后吞金自尽。一说是在王朝陷落后，李师师家产籍没后流落于江浙一带，抛却红尘万千成为默默无闻的一名女冠。另一说是李师师在汴京失陷以后被俘虏北上，被迫嫁给一个病残的老军士为妻，最后凄凉悲惨地死去。

国之不国，人生之于她也唯有山河破碎之后的多舛。宋徽宗被俘已然宣告了她曾经镜花水月一般的繁华势必如幻影般破灭。于权贵，她不卑不亢不失气节，赢得了宋徽宗的钟爱；于文人，她与周邦彦一类的才子相通共鸣，获得他们最深切的赞美；于绿林好汉们，她以一己之身感同身受他们人生中的苍凉与无奈，给予他们最深切的懂得和支持。

李师师的生命是短暂的，却用一生向后世千秋讲述了一个末代王朝的别样光彩。生命的价值，本不在于时间的长度，而在于那些活过的精彩瞬间。如果说生命是一条河流，即便河道曲折却依旧不能阻挡河水的澎湃和汹涌。那是来自内心生发而来的力量。

# 唐婉：不是所有媳妇都有美好时代

女性要担当的角色，不仅仅是妻子和母亲，还有女儿和儿媳。多重身份之下，能适时得宜地根据环境需要转变身份，在家庭重重关系网中游刃有余，需要的不仅仅是聪明、勤快，还要有足够匹配的情商。

《媳妇的美好时代》热播的时候，人人羡慕毛豆豆，能遇到个余味那样的好男人。可看到这个好男人对自己亲妈无奈抓狂的时候，你还会觉得他是 Mr Right 吗？

恋爱时是有情饮水饱，进入婚姻就不再是两个人的事儿。古往今来，赢得了爱情、赢得了婚姻的姑娘不多；赢得了爱情，败给了婚姻的姑娘不少，唐婉只是其中的一个。

唐婉的父亲唐闳是山阴人鸿胪少卿唐翔之子，深受家族文化的熏陶的唐婉文静灵秀，才华横溢，于琴棋书画有非凡的造诣。

与陆游的婚姻始于父母之命，媒妁之言，而正是这段遵循了千百年旧习的婚姻，却演绎出了出乎意料的美满。

也许上帝都格外关照这对年轻的夫妻。郎才女貌，意趣相投，秉烛夜游，借诗词倾诉衷肠，二人吟诗作对，互相唱和，丽影成双，在婚姻中徜徉出幸福的味道。

陆游的祖上本是世代务农，到高祖一代以科举发家，之后的祖父、父亲一辈，许多长辈都考中科举。陆游作为陆家的传人，有责任有义务参加科举并考中进士。并且，陆游的父亲此时已然赋闲在家，虽然还挂了一个提举洞霄宫的名头，可不过是领取一份微薄的俸禄，完全没有权力。振兴陆家的希望，就完全寄托在陆游的身上。

新婚燕尔的甜蜜可以被宽容和谅解，甚至是家族子嗣绵延的极好预兆。可时日长久，不论是陆父还是陆母，都对这一对小夫妻过于缱绻的情爱生发出不满。

这样的不满太容易被理解，就像王夫人抄检大观园，将一众蛊惑儿子不求上进的"狐媚子"纷纷打发出去。怡红院最后留下的袭人、麝月，又何尝不是克己复礼的薛宝钗的缩影。

男人们自幼肩负着兴家治国的重任，于男女情事上不能自已的男人，不论是贾宝玉还是纳兰容若，人们提及，纵然感怀于他们的情深如许，却又带着一丝若有若无的鄙夷。

唐婉就仿佛林黛玉的缩影，是个地道的文艺女青年。她太过纯粹，世俗的功名利禄对她而言似乎都是一种玷污。她不会像薛宝钗一样，喋喋不休地规劝丈夫，考取功名，光宗耀祖。她更在意的是两情相悦带来的内心满足和平静。

其实相较于妻子，唐婉更适合做红颜知己。他们的婚姻也更像是恋爱。

放在现在大概是，唐婉嫁给陆游后，陆游放弃了公务员考试不说，作息时间不规律，经常昼伏夜出。对父母不闻不问，完全沉浸在两个人的小生活里不能自拔，玩物丧志、有失孝道。

即便是现代的家长恐怕也要对两个人的生活加以干涉。何况时在南宋？

其实包办婚姻的意义在于，父母为子女选定的配偶是出于主观意愿上，觉得子女需要一个什么样的人来共度终生。更有甚者，是为了一个家族的兴衰、子嗣是否繁盛来选一个"合适"的子女配偶。

而唐婉，作为陆游父母钦定的儿媳，却在最大的程度上违背了二老的本心。这不能不算作一场背叛，为日后的分崩离析埋下了隐患。

面对陆游的不思进取，陆母将过错都归结到唐婉身上。唐婉是个博学多才的好姑娘，可不意味着是个遵循诗书礼仪，逆来顺受的好儿媳。她还没有做好作为一个妻子的准备，因此婆婆的训诫，被她直接忽视掉。丈夫"不务正业"的情况并没有得到好转。

母亲总是带着与生俱来的偏颇，尤其是面对儿子和儿媳，总会理所当然地将儿子划归到需要自己庇护的一方，而保护于羽翼之下；而儿媳，则成了不能调和丈夫与公婆关系的直接责任人。

一个聪明的女人要懂得如何在尴尬的境地里避其锋芒，即便这锋芒来自你丈夫的母亲。你抢走了她生命最重要的一个人，在她眼中，你既要担负延续她作为母亲对儿子应尽的责任义务，又无法在她面前一一兑现你作为妻子应该享有的权利。

婆媳大战，无非是婆婆觉得儿媳应该如同她一样，照顾儿子一般的照顾自己的丈夫，又不能容忍儿媳具备和她同等的令儿子听命服从的权利。

陆母已然将儿子的不思进取的症结点归结到唐婉身上，而唐婉的不以为然势必会触怒陆母，引起更大的矛盾和误解。哪怕，"向名花美酒拼沉醉"的逃避是陆游的本意。

融入一个家庭，哪里有那么多的遂心遂意，小到起居饮食，大到治家经营之道，想要融入得顺利，忍痛割爱、逆来顺受的人往往是自己。

这一次风波过后，很快唐婉迎来了更大的危机。陆母很快发现，即便两人情浓如斯，唐婉却依旧没有孕育子嗣的动向。

不孝有三，无后为大，心急如焚的陆母来到郊外无量庵，请庵中尼姑妙卜卦命运。也正是这一次卜卦，彻底断绝了唐婉三年婚姻的未来。

陆母对尼姑煞有介事的八字不合、"先是予以误导，终必性命难保"的无稽之谈深信不疑。一直以来的不满终于找到了爆发的方式，陆母强行命令陆游休弃唐婉。

当时休妻远没有现在离婚这么麻烦，既没有财产分割又不必赔偿经济、精神损失，只需要夫家出具一张纸，将出妻的原因写明。而陆母交给唐婉的理由不过八个字——婚后无子，八字不合。

这重如泰山的八个字，成了压倒唐婉的最后一根稻草。慌乱迷茫之中，唐婉答应了陆游情急之下的主意，明修栈道，暗度陈仓。假意和离实际上避居山阴，依旧希望过着从前神仙眷侣般的生活。

如果说不懂得规避锋芒、逆来顺受是唐婉的第一个错误，那么纵容丈夫将自己置身于灰色地带就是她的第二个错误。

很快，唐婉的藏身所在被陆母唐氏打听清楚，面对浩浩荡荡前来抄底的前任婆婆，唐婉束手就擒被送回了临安娘家。

和光同尘的才子佳人，基本上都是戏台上咿咿呀呀唱出来的旧戏码。不是说才子佳人不能有，关键是才子还有个妈，一般情况下，hold 住她，才能花前月下。Hold 不住婆媳斗法，保不齐鸳鸯棒打。再美好的感情也受不了一个媳妇一个妈见天掐架。

后世在评论这段短命的婚姻时，习惯性地将责任都归结到强悍霸道的陆母身上。可是真正稳固的婚姻应该是根基深厚坚不可摧的，而唐婉的婚姻，一个霸道强势的婆母，一个情商低下的儿媳，和一个既是儿子又是丈夫受着夹板气两边借不上劲儿的丈夫。这样的一场婚姻，从开始大概就是一个错误。

回到临安之后，唐婉的遭遇和陆家的决绝令父亲大为光火。很快，唐婉被父亲嫁给了皇族宗亲赵士程。赵氏门楣高于陆氏，相信唐父在女儿再嫁的家世上费了好一番心思，以此来挽回被休弃的难堪。

甲之以蜜桃，乙之以砒霜。唐婉这样的女子大概唯有赵氏门楣才得以供养。无须振兴家门，雅好诗文的赵士程可以更为气定神闲地与唐婉成就一段神仙眷侣般的厮守佳话。尽管这样的幸福拖着代表曾经的黑色尾巴，可正是那一段曾经，可以让唐婉更懂得珍惜眼下的幸福。

可遗憾的是，唐婉似乎并没有得到人们预想中的幸福。

嫁给赵士程十年后，唐婉与陆游这一对旧爱阴差阳错地相遇在了沈园。十年的光阴足以在记忆里埋葬一个人，重新开始一段新的人生。陆游顺从母亲迎娶了王氏女。这一场相遇令他又念及起两人曾经的好，借着一盏酒力，于粉壁之上，落下那首流传了千年的《钗头凤》。

事后不久，得闻陆游题诗的唐婉和赵士程专程访沈园，这一首《钗头凤》令唐婉多年来隐藏的情感喷薄而出。她提笔以《钗头凤》相应和，十年萧索，皆在两阙之中。

　　世情薄，人情恶，雨送黄昏花易落。晓风乾，泪痕残，欲笺心事，独语斜阑。难，难，难！

　　人成各，今非昨，病魂常似秋千索。角声寒，夜阑珊，怕人寻问，咽泪妆欢。瞒，瞒，瞒？


　　也许是与陆游的婚变的打击，也许是改嫁赵氏后的悠悠人言令她不堪其重，唐婉的第二段婚姻，于她自己算不得幸福。唐婉日益憔悴，终于郁郁而亡，结束了她短暂而多舛的一生。

　　犹太人几千年前就在他们古老的羊皮卷上郑重写道：温馨的家庭是上帝赐给我们最好的礼物。又说：好女人是一所学校。女人在家庭中的重要性不言而喻，决定着一个家庭的基本色调是明亮温暖还是阴郁混乱，是否具有凝聚力，是否能抚慰各家庭成员。


　　我们的老祖宗早在千年以前，也在《诗经》中说过"之子于归，宜其室家"。当今时代女性要担当的角色，不仅仅是妻子和母亲，还有女儿和儿媳。多重身份之下，能适时得宜地根据环境需要转变身份，在家庭重重关系网中游刃有余，需要的不仅仅是聪明、勤快，还要有足够匹配的情商。唐婉的失败，在于她纵然把握了天时地利，得到了一场美满的姻缘，然而她没有善加经营婚姻的智慧，在婚姻内外，她始终都是个要被呵护的瓷娃娃，而从来没有真正扮演过妻子的角色。所以唾手可得的幸福才会远离她而去。

而毛豆豆的胜利在于，她懂得在重重夹缝之中如何转圜退让。她懂得，两个人在一起生活，岂是一项艺术，简直是修万里长城，是一项艰苦的工程。她要和丈夫一同担当起家庭的责任，一起攒钱，从一个方向盘，到一个后备厢地筹备一辆车。

同时又要做好丈夫的贤内助，适时地退到他的背后，做一个默默支持他的女人。

还要明白让势同水火的婆媳变成亲人需要时间，因此把握得住如何让感情的付出细水长流，渐渐浸润温暖婆婆那颗陌生的心灵。

不是每一个人都能像毛豆豆一样面面俱到，所以，不是所有的媳妇儿都会拥有一个美好时代。

婚姻的长治久安，需要女人拼搏的一点儿也不少。那些抱怨遇不到余味的姑娘，你们真的有毛豆豆一样的高端配置吗？

# 朱淑真：笼子里的黄金时代

她的一生就像她的词，充满着凄清的美感。她不能算是女神，真正的女神，不会如同菟丝花，仰仗着幻梦和爱情滋养，必须还具备敢于行走人间路的勇气。

1936 年 11 月 19 日远在日本东京的萧红在给萧军的信中写道："别人的黄金时代是舒展着翅膀过的，而我的黄金时代，是在笼子里过的。"没有灯影，也没有烛火。只有一窗霜色般的月光，越过窗棂，洒在孑然独立的她身上，落下零碎斑驳的影。

　　朱淑真说"铺床凉满梧桐月，月在梧桐缺处明"，无流离之苦，无冻馁之虞，同样看似平和安然的黄金时代，却隐隐地透出华丽背后的苍凉。

　　苍凉是苍凉的，可历数南宋，能与李清照齐名的也唯有她。

　　她的笔端都是名门闺阁的闲逸富足、不般配婚姻的苦闷压抑、与旧日情人的痴情缠绵和举身赴清池的绝望。

　　有人说她的诗词都是小女人的浅吟低唱甚至无病呻吟，登不得大雅之堂。甚至于那个时代对她的人品也颇有非议。可这丝毫不影响她的才名，史书工笔之间，她不过是个女人。

　　我觉得她像是杜丽娘，将锦屏人的喜怒嗔痴书就在笔端。也许，她也是遇到过少年时期的柳梦梅的。

　　王世贞在《池北偶谈·朱淑真璇玑图记》中说朱淑真"工诗，嫁为俗吏为妻，不得志殁"。

　　她不接受父母的安排草草地将自己交由一个平庸无趣的

俗吏将一生交付。要一个俊逸多才的男子来匹配她的冠绝经纶。

在这之前，她曾经遇到过一个令她怦然心动的人。那个人出身穷困，名不见经传，甚至而今，世人依旧不知道，开启了朱淑真人生中第一段情爱的人到底姓甚名谁。可是她爱他，有什么办法？

她等待他来求娶他，万一老父无奈之下成就了他们的一番姻缘，她已经规划好了他们的未来。

可是，她等到最后，除了声名狼藉，什么都没留下。

不是所有的凤凰男都能有司马相如的好运气，不是所有的女人都能守得来阴丽华的好结局。罗曼蒂克从来敌不过贫贱夫妻百事哀的无奈。

逃婚的萧红回到汪恩甲的身边给自己寻了个荒唐退路，而朱淑真，只能被动的接受并不理想的婚姻前景。千百年里的两个人，面临着同样迷茫的前路，说不清谁又比谁幸运。

朱淑真还是嫁了，依从父母之命媒妁之言，嫁给那个她并不喜欢的男人。婚后不久，她作《圈儿词》：

相思欲寄从何寄？画个圈儿替；话在圈儿外，心在圈儿里。我密密加圈，你须密密知侬意：

单圈是我，双圈儿是你；整圈儿是团圆，破圈儿是别离。

还有那说不尽的相思，把一路圈儿圈到底。

丈夫远游于吴越荆楚之间，独自守到窗儿黑的朱淑真千里寄书信上无字，皆是圈圈点点，其夫不解其意，待看到书夹脊这首圈儿词，才顿悟失笑，次日一早雇船回海宁故里夫妻团聚。

她也是有过期冀的，希望此生相许的丈夫，也许会再日久之后，成了她梦里的萧郎。一生一世一双人，相知相惜的厮守，纵然这一场结合的开始并没完美，却总有无数的憧憬可以去实现。

然而现实仿佛一轮冷月，幻化出梦想的苍白。她终究没有易安的好福气，尚且有青州十年，赌书泼茶厮守一段霞光。

据说朱淑真是朱熹的侄女，谁能说，那个愿意迎娶她的男子，不是将她看作跃龙门的垫脚石？

而他，不过是她胆大妄为、离经叛道的经历了一场无疾而终初恋之后愿意为她献身遮丑的一块遮羞布。

与其说朱淑真不能忍受的是平庸无奇的丈夫，不如说，她忍受不了的是长期由内心生发而来的孤独。一个人的孤独，尚且有未可知的未来可以幻想。两个人在一起的孤独，满满都是细思恐极的惶然和绝望。

婚姻就像灰姑娘的水晶鞋，只有遇到对的那个人，才能穿得不大不小舒服得刚刚好。削足适履，只能适得其反。

　　像张幼仪与徐志摩，像朱安和大先生鲁迅。百般委曲求全就好像削足适履，自己身上流血，对方又不肯领情，还嫌弃身后忍着疼的脚踪太慢，追不上他的步伐。真正的好婚姻连幸福都装不下，哪还容得下委屈和勉强。所以，与其流血流泪地委屈，倒不如趁早松手，给彼此都留条活路。

　　明代画家杜琼曾题言"观其笔意词语皆清婉……诚闺中之秀，女流之杰者也。"这句话题写在朱淑真所绘的《梅竹图》上。"绣阁新编写断肠，更分残墨写潇湘。"她是才女中的才女，是文人中的翘楚。

　　她用一生编织了一场自闺阁而始的梦，她的梦太过完美丰满，坎坷离她太远。而人生又来得如此寡淡，她的才情没有教导她生活的真谛，不懂得逆来顺受，也不会委曲求全，等待她的将是何等的苦楚。

　　在她眼中，生活里所有的不幸，都来自那个不适宜的枕边人。她的秀外慧中受用者都不该是一个不中意的丈夫，她不屑于如此。

而她的丈夫更需要一个女人来欣赏自己。这场婚姻他的高攀显而易见，他需要一种温柔来抚慰他长期不得抒解的自卑。他纳了妾，她全然不在乎。他带着小妾走马上任，她转身便收拾东西回了娘家。

　　两个人的婚姻只剩下一个名分而已。


　　回到娘家后，她的多情都付与了她中意的情人。她写《眼儿媚》，"娇痴不怕人猜，和衣睡倒人怀"。雨意朦胧，她与情人游湖，细雨霏霏，情话喁喁，情之所至，她和衣扑倒在情人的怀里。尽情享受这厮守的缱绻和温柔。

　　爱上一个人，仿佛就有了与全世界对峙的勇气。她不在意那些卫道士的评价，脍炙人口的《生查子》："去年元月时，花市灯如昼。月上柳梢头，人约黄昏后。今年元月时，花与灯依旧。不见去年人，泪湿春衫袖。"明明是她所作，却生生被欧阳修不劳而获时至而今。她也不在乎——只要那花灯月影里，他与她彼此拥有，哪怕只有一刻。那，才是她想要的。


　　她爱的这么不管不顾，很快便尽人皆知被名分上的丈夫知道。也许他是一时良心发现，回来接她重新回到他的身边，却不想听了满耳的是她如何娇痴放纵，与别的男人恩爱情浓。

　　他当然做不到梁思成对林徽因那般的宽宏大量。当下寻到她娘家，少不得一番斥责羞辱，她成了夫家和母家败坏门风且屡教不改的双重罪人，为了防止她继续伤风败俗，她被父母监禁了。

监禁真是封建父母管教子女的不二法器，偌大的朱氏豪宅，留给她的唯有寸许存身地。她的人和她的心灵都如同困兽，生活的苦闷和生命的哀怨都只能交给手中的一支笔，案头几札词。

她成了她父母的困兽，像三毛笔下《滚滚红尘》里的沈氏韶华。守着一个白玉兰的梦。

而朱淑真，她连遇见章能才的机会都没有了。

还记得沈韶华在衣袖上，蓝色的墨水笔斑斑点点的浸染出一袖襟的繁花。素净的白，纯澈的蓝，笔笔都是寥落的青春和心事。

记得沈韶华对章能才说："我写作是关出来的，如果你早点出现，也许我根本不会写文章了。"内心的孤独得不到纾解，也唯有以文字来勾勒一颗心的缺口，那孤独越深重，文字便越凄婉动人。如同悲鸣的杜鹃，哀鸣盘旋泣血不休，声声不如归去。

不如归去，寂寞空庭，梨花殒落。朱淑真的夙愿没有等到得偿的那一日。她选择以一池春水结束了自己的生命。死后，诗稿并她一径被父母、丈夫付之一炬，人世间再无半点才女痕迹。

时光流转千年，即便时至而今，朱淑真也是当之无愧的文艺女青年。只是女神不仅仅要保持无死角的身材容貌，不断充电丰富自己的内涵，还要上得了厅堂，煲得一手好羹汤，调冶得了罗曼蒂克，也要直面得起现实的疮痍和感伤。

清风习习当窗吟诗的林徽因，也能用包咸猪肉的纸和闺密把家长里道信手拈来。即便是古建筑研究，男人上得去的地方，她也不甘示弱。朱淑真不是林徽因，她是生在南宋的彻头彻尾的文艺女青年，她的一生就像她的词，充满着凄清的美感。她不能算是女神，真正的女神，不会如同菟丝花，仰仗着幻梦和爱情滋养，必须还具备敢于行走人间路的勇气。

## 柳如是：君生我未生，我生君已老

或许现实已天崩地裂，人生已满目疮痍。能够适时地选择一个现世安稳的归宿，守候着一个一头白发却相知相惜的他，共同欣赏一场落日晚霞最后的恢弘和壮丽，又何尝不是一种幸福？

和家里人看《大丈夫》，50岁的丈夫，30岁的娇妻，无可回避的年龄差距造成了一串嬉笑怒骂的家庭风波，荧屏内外，年龄到底是不是婚姻一道迈不过去的坎，充满着君生我未生的遗憾？崇祯十四年，24岁的柳如是嫁给了60岁的钱谦益，轰动的，不仅仅是当时的江南。

她与他泛舟湖上，苏堤绿影里，她问，你爱我什么？他一手捋须，沉吟笑言，爱她黑的发，白的面。也少不得问她一句，她便娇俏相依，素手抚过他沧桑而欢愉的皱纹，答一句"爱你白的发，黑的面"。他爱她的白面黑发，她愿意与他厮守到白发黑面。

我离君天涯，君隔我海角。你的白发未必因为我一人而生，我的白面此生也绝非只有你一人独赏。在相遇前的岁月里，蒲苇与磐石，还隔着岁月的距离。

她是余怀《板桥杂记》里秦淮八艳的第一人。十里秦淮繁华所在，一水两岸，一畔是贡院书香，一畔是烟花教坊。两岸风光隔水相眺，汩汩的水音，流淌的都是风情。

她是两岸之间，秦淮河上最明媚的一抹光影。

柳如是，本名杨爱，出身嘉兴，自幼家贫，被辗转贩卖到江南为名妓徐佛收养。用心教授研习诗书歌舞画，将柳如是养就得如同雨中新荷初绽。14岁，被明朝旧阁老周道登赎身买下，在周老夫人膝下充做侍女，深得周老夫人喜爱。15岁，被周道登纳为妾侍。

周道登是宋朝理学的鼻祖周敦颐的后裔，明末进士，崇祯朝内阁首辅，为人风雅。他所见到的柳如是，清新雅致，熟读诗书，令周道登十分中意。常常令她坐在膝头，教她读诗学文。

临窗案头，她的灵慧、她的婉约，她的清新无一不打动着这位阁老的心。周道登对她的宠爱已经逾越了对于妾侍的感情，诗文共赏，红袖添香，她于他更像是忘年知己一般。

然而再美好的流年也逃不过宿命，周道登死后，他众多妻妾嫉恨柳如是曾经得宠，刁难苛责甚至陷害纷至沓来。她被驱逐下堂，重新回到灯红酒绿，勾栏之地。

兴许是沾染了秦淮河对岸的书卷气，诗词歌赋、琴棋书画从聊以怡情的雅好，成了她每日必修的课程。她渐渐曼妙如同一枝青柳，清奇貌美，歌喉动人，舞技超群。无数为了一睹她芳容的男子，从秦淮河的两岸蜂拥而来。

她读辛弃疾"我见青山多妩媚，料青山，见我亦如是"，便捻得"如是"二字做号。

幼年家境的贫寒，少女时体会的人情冷暖，令她太早洞察了世故人情，她冷静自持如同一道远山，青山不变，绿水长流，众多蜂拥的追求者中，她所求的唯一个知己。

于是清冷动人的柳如是，便遇到了文采风流的陈子龙。

江南的笙歌曼舞遮掩不住大明风雨飘摇的颓败。她不是商女，唱不出不知亡国恨的《后庭花》。她的诗作里掺杂着对国之将破的哀恸和对未卜前路的无奈。她参加了当地文社，与一众文人借诗文慕古而喻今。山河破碎，容不得笑语欢歌，却偏偏衍生了一场爱情。这一场相遇，来得如此惺惺相惜。

他是明末清初三大诗人之一，16岁中童子试，与钱谦益、吴伟业齐名。她是声震姑苏的秦淮八艳之首，才貌冠绝，世无其二。这一场相恋来得隆重而炽烈。

陈子龙远行，她作《梦江南·怀人》十首，阕阕相思情切，宛若情窦初开的少女，将满腔的相思情寄存于文字。

他们同居于松江南园，诗词相和，执手相伴，无限情深。却迟迟没有修成正果——少女时期坎坷波折的经历，在柳如是心中留下了深深的阴影。她爱他的郎艳独绝，爱他的文采斐然，爱他的忧国忧民。爱得越发炽烈，就越接受不了屈居妾侍的宿命。

她要做他的正妻，行明媒正娶之礼，她要他们在这世间爱得平等而专注。而当时的陈子龙已有妻室——湖广宝庆府邵阳知县之女张氏。

张氏自恃出身，在得知柳如是的存在后，哪有容忍的道理，径自带了人前往南园。一番羞辱吵闹，将这段本就对未来无可期冀的恋情彻底推上了绝路。

也许真的是上帝关上一扇门就会同时为你打开一扇窗，失意的柳如是，遇到了同样的天涯沦落人。

崇祯十一年初冬，半野堂已经许久无人问津，忽而有一日家人来报有一年轻雅士来访，这位似曾相识的俊俏少年，轻悠悠念出一首诗：

草衣家住断桥东，好句清如湖上风。

近日西泠夸柳隐，桃花得气美人中。

来人正是女扮男装的柳如是。两人初遇之时，钱谦益为柳如是的诗词才情所惊艳。又有友人草衣道人一力撮合，钱谦益与柳如是、草衣道人同游西湖。相谈甚欢，钱谦益更是一时兴起，连作绝句十六首向柳如是表达了倾慕之情。

如今柳如是特地到常熟来探望自己，钱谦益当然喜不自禁。一番寒暄问候之后，柳如是应钱益谦之邀在半野堂小住。

踏雪赏梅、寒舟垂钓，为了答谢柳如是的宽慰之情，钱谦益亲自督造，在红豆山庄中为柳如是特筑了一座小楼，并命名"我闻室"，以应柳如是之名，合为《金刚经》中"如是我闻"之意。

两颗都经历过伤痛的心贴在了一处。十余岁入娼门，身世漂泊如同浮萍的柳如是，在钱谦益的身边感受到了前所未有的恬静和温暖。

崇祯十四年夏天，钱谦益以正妻之礼迎娶柳如是。于松江波涛之中，结彩游舫、鼓乐笙箫。高冠博带的钱谦益与凤冠霞帔的柳如是拜了天地，江流两岸的人都为他们的这一场年岁悬殊的婚姻缔结做了见证。

彼时钱谦益夫人尚且健在，无论如何柳如是是算不得正妻的。只是钱谦益的深情如许，了却了她原以为一生不能得偿的心事，使她愿意以韶华年少陪伴他的花甲余生。

这世间许多外人看来的传奇，大多源于一次细微而温柔的感动。轰轰烈烈的一场相爱未必敌得过相对坐调笙的现世安稳。

婚后，这一对老夫少妻相携出游名山赏秀水，他们都钟情于杭州西湖的明丽风光。于是在西湖畔修筑了一座五楹二层的"绛云楼"，画梁雕栋，极其富丽堂皇。夫妻俩安居其中，日日欣赏西湖上的朝霞夕雨。春花秋月，时光如诗一般地静静流过。

只可惜好景不长，甲申之变崇祯帝自缢于煤山，福王朱由崧被拥立为弘光皇帝，钱谦益官复原职，成为偏安一隅的大明王朝的礼部尚书，只是此时的荣耀风光，早已抵不过国破家亡的凄楚哀凉。


清军攻破南都后，弘光朝廷为时一年的生命宣告结束。钱谦益作为旧朝遗臣，又是一方名士，必定会引起新政权的注意。是否逢迎新主，成为钱谦益人生中的一个重大的选择。

他的徘徊苦闷看在柳如是的眼里，亲眼目睹清兵破城、扫荡江南的种种惨象，悲愤不已的柳如是劝钱谦益以死全节，表示忠贞之心。钱谦益思索再三，终于点头同意了柳如是的建议，两人约定同投西湖自尽以全此节。

初夏的西湖本该是平静而唯美的，此刻却笼罩着一层山河破碎的凄迷和哀恸，同乘一叶扁舟，举身欲赴清池的柳如却被钱谦益一把托住，到底以"今夜水凉"草草收尾了本欲双双赴死保节的壮举。

几日后，柳如是发现钱谦益剃掉了额发，响应满清的统治者在脑后梳起了辫子，答应了清廷召他入京为官的意图。

钱谦益到底不是陈子龙，抗清起事失败后，宁愿投水自尽也绝不屈服。钱谦益业已年老，豪情壮志的一腔热血也已然随着岁月流逝渐渐平静。对于人生，他有了更理性的取舍，哪怕这理性看起来有几分怯懦。

柳如是知道劝说无益，便写下"素瑟清樽迥不愁，柂楼云雾似妆楼。夫君本志期安桨，贱妾宁辞学归舟。烛下鸟笼看拂枕，凤前鹦鹉唤梳头。可怜明月三五夜，度曲吹萧向碧流"的诗句，希望能够唤回钱谦益迷醉于利禄功名的心。

重新逢迎新主的钱谦益在新朝的官场过得也并不如意，一心执宰相之位的他，却被许了个礼部侍郎的闲职。柳如是委婉的劝告和挽留再度打动了钱谦益的心。钱谦益以年老为由向朝廷托病辞官，很快便获得了应允，脱下官袍，再度回乡。

柳如是欣然迎接了南下而归的钱谦益。用她的平静泰然化解了钱谦益老来横遭恶名的失意和困顿。顺治五年，柳如是诞下一女，老来得女的钱谦益喜不自禁。二人守着我闻室、绛云楼过起了世外桃源般的生活。

只是乱世之所以为乱世，容不得一张平静的书桌，也容不得静好从容的生活。两人的女儿诞生不久，钱谦益的门生黄毓琪因写诗讽刺清廷而受责，事情牵连到钱谦益身上，他被总督衙门捕入了大牢。

丈夫的性命危在旦夕，产后卧病在床的柳如是挣扎着起来，冒死上书总督府，一面重金贿赂清廷大员，一面恳求正直之士为其伸冤。总督府感其诚心苦意，又查证钱谦益确无乱上之举，便将他放了出来。

得柳如是拼死相救渡过如此一劫，也不枉当年钱谦益返回南京，面对儿子钱孙爱对柳如是不贞的诬陷，他一句"为父非柳夫人不活，杀柳夫人即是杀父"的大义执言了。

于柳如是，与其说是爱，不若说是懂得。

康熙三年，钱谦益去世，留给柳如是的唯有两座小楼。他去世后不久钱氏族人三番五次地上门勒索，柳如是明白他们的意图在这两座倾注了他们所有美好回忆的小楼上。安排好后事，径自上楼入室，自缢而亡。以死，来保全两个人相知相爱的纪念和过往。

相隔三十六年的结合，更多人倾向于相信利益大于感情。82岁的杨振宁迎娶了28岁的翁帆，面对如此巨大的年龄鸿沟，杨振宁将翁帆当作"上帝恩赐的最后礼物"。作为一个女人，翁帆又怎么会有遗憾？

　　或许现实已天崩地裂，人生业已满目疮痍。柳如是也好，翁帆也好，能够适时地选择一个现世安稳的归宿，守候着一个一头白发却相知相惜的他，共同欣赏一场落日晚霞最后的恢弘和壮丽，又何尝不是一种幸福？个中体验，自然是如人饮水冷暖自知。

# 寇白门：你若无情我便休

寇白门是女侠仗剑执盾，为了自己在人间厮杀出一条血路。

她的成功，在于她超然于当时女性的清醒和果敢，令她敢于挣脱宿命的束缚，在命运里当一个弄潮儿。

清初的南京发生了一件令人啼笑皆非的大事。

国公府朱国弼被入关的清朝新主断了粮饷，不得已之下变卖了全府的奴仆，之后又开始变卖府中的姬妾。将一众豢养得宜的女人推给市场，任由她们的命运如烟火流水，飘哪算哪。

在国公府上下都乱成一锅粥的时候，偏偏有一个女子不畏不惧，从容出入国公府。不但没有被卖，而且短衣单骑，带着一个丫鬟飘然而去。

这个女人是秦淮八艳之一，寇白门。


如果不是乱世，大概寇白门和大多数嫁入侯门的姬侍差不多，研究研究最新时尚款式的珠钗环佩，比对着今年的衣裳绣样和去年有什么不一样，或焚香操琴，或斗草栽花。和一众女人争风吃醋，大概就是最令她们伤神的事儿了。

可时代弄人，偏偏逢了乱世，偏偏叫寇白门遇上了。

嫁进国公府之前，寇白门人如其名，有如一张白纸一般。纵然出身世代倡家，难得才艺俱佳，心性疏朗，是个出淤泥而不染的好姑娘。


记得从前看电影《柳如是》时，除了不肯为人姬侍，坚决白天出嫁的柳如是。也唯有寇白门嫁得最风光盛大。

五千名士兵从武定桥排到内桥国公府的门口，那些士兵每人手拎一盏大红纱灯，向着秦淮河岸投出温柔的倒影，虽然妓女从良，只能是夜间，但朱国公却用这繁星般的灯火，照亮了寇白门开始新生活的路。

国公爷朱国弼要迎娶秦淮名妓寇白门，达官显贵迎娶个把当红名妓在当时并不算什么新鲜事儿。明末烟花柳巷事业发展得格外蓬勃，显贵们此举掩盖了重色的本质，宣扬的是风雅。尤其是迎娶一位色艺俱佳的才女。

但这场婚礼，因为朱国弼的大手笔，引得万人侧目的同时，更是以天下人为证，他给予寇白门最大的称赞和恭维。

世间的很多事都是猜得中开头猜不中结局，当时红衣重妆乘夜以一架花轿随朱国弼而去的寇白门，哪里想得到世事弄人如斯，她与朱国弼的分离竟然这样地令人啼笑皆非。

秦淮河波光桨影虚幻而缥缈，尤其在乱世。即便才华横溢，然而秦淮八艳除了终身未嫁的马湘兰，出家为道的卞玉京，还是各自寻得归宿。柳如是与钱谦益，董小宛与冒辟疆，李香君与侯方域，顾横波和龚鼎孳。她们是欢笑场的精灵，今日欢歌复明日。可说到底不如寻一个归宿来得安稳，至少，山河破碎也好找一个人围炉取暖做个依靠。

这么相比之下，寇白门嫁得不算差。

只是这样令人称羡的婚姻生活只持续了两年。明朝的江山已经容不下琴瑟在御的平静安和。崇祯皇帝在煤山自缢，南明小朝廷建立，朱国弼拥立福王有功，但好景不长，旋即清军南下，朱国弼这位扶立新君的有功之臣，也不得不和南朝百官一道，跪在泥泞里，迎接新主子的到来。

其实降清的明末官员不在少数，钱谦益不也是在清朝入关坐定江山后被授了礼部尚书职衔吗？不过无一例外，这些降清的官员大多并没有太理想的结局。政治上失意，也许是他们付出的最轻的代价了。


朱国弼不仅是明末官员，他还是旧朝王爷。不同于其他遣散或者被遣散的官员。朱国弼被新王朝软禁了起来。生活给予了这位风雅阔绰的王爷最沉重的打击。相较于失去自由更要命的是朱国弼失去了经济来源。

《红楼梦》里刘姥姥那句"瘦死的骆驼比马大，您老拔根汗毛比我们腰还粗呢"，并没有在朱国弼身上得到体现。他的确是潦倒了，不论是精神上的还是物质上的。


这位从前只考虑怎么花钱的王爷，如今开始考虑如何生财。仆妇一流是不能卖的，国公府的大小主子们手无缚鸡之力，你是指望不上他们自给自足的。

于是朱国弼把目光落在了他曾经当作古玩珍品一般收藏的姬妾美人身上。

得知朱国弼要卖了小老婆过日子，平日养尊处优，闲来钩心斗角的女人们都慌了。也许在嫁进国公府之前，她们还有谋生的能力，但几年不劳而获的生活早已经磨损了她们的斗志。这个时候把她们逐出国公府，她们就会像没脚蟹一样任人摆布。

可以想象，当时的国公府一定是哭声震天，哀声不断。其实寇白门未必是其中待价而沽的女人之一，但朱国弼无情如斯，也真是让人心寒。她也知道哀求泣涕无用，索性和朱国弼来一场开诚布公的谈判。

她对朱国弼说，你卖了我，也不过得银百两，但如果你放我南归，一个月之内就能筹到两万两银子回报你。

这像是一场赌博，寇白门邀朱国弼来赌，她的注下得足够大，以几百两银子去博两万两银子。此时寇白门的妖娆妩媚甚至她腮上的胭脂都如同利剑，直逼朱国弼而来，以这世间曾经最蚀骨的柔和而今最慑人的刚来问他，你敢不敢？

也许是被寇白门的胆识所震慑，也许是因为两万两银子的赌注太诱惑。朱国弼答应了寇白门，任她径自南下而去。

于是，在国公府里的女人们继续痛哭流涕哀叹时运不济的时候，寇白门短衣、单骑带着侍女别离了这场荒唐的婚姻，回到她南京的秦淮河畔去。

一个敢于反抗的女人，她的背影一定是豪迈而坚毅的。原本以为终身可靠的如意郎君原来不过是个情意凉薄的懦夫，这放在任何女人身上都不能不心寒。但是能做出寇白门这一步的却不在多数。原因有二：

其一，那毕竟不是个男女平等的时代，女人在时代的影响下始终处于弱势。所以她们赖以为继的生命还需要依靠一个男人，即便这个男人算不得什么良人；

其二，两万两白银在当时算不得一个小数目，一个女人独自筹谋似乎有点困难。

但事情就是这么神奇，两个月后，寇白门筹到两万两白银交给了朱国弼。朱国弼惊讶寇白门的手段的同时，也深深为这个经济适用女折服了。得到了钱的朱国弼，竟然提出要跟她重修旧好，寇白门一口拒绝。

本来嘛，你负我在先，你我之间剩下的只是交易，钱货两讫之后自然无须纠缠。

果断干脆如斯，即便是如今自诩新时代女性的我，也不免为之击节称叹!

　　偶尔翻翻情感咨询的网页,被男友辜负又舍不得放手的姑娘比比皆是。她们无一不用情以专,身心倾付,而换来的结果,不是男友另寻新欢,就是彼此相看生厌。我几乎可以透过屏幕看到她们那双期冀的眼,那张憔悴的脸,可怜分分的希望从别人那里得到一个肯定的答案给自己一个坚持下去的勇气。

　　其实何必呢,爱情也好,婚姻也罢。若到了实在无须牵连瓜葛的地步,那就是你若无情我便休。这个世界,没有谁离不开谁,太多的纠缠未免显得自己太过廉价,不如给他一个干脆利落的背影,转个身活得依旧精彩漂亮,让那些有眼无珠的男人们悔断肠子去,这才叫气魄。

　　寇白门不是杜十娘,明明有足够的底气等待一个更好的男人,却偏偏一心扎在一个不成器的李甲身上。本来是一场看点十足的试探和考验,自己却先亮了白旗,掏了银子自赎自身不说,还被李甲转卖给了旁人。最终一番哭骂,伤心欲绝地沉了百宝箱还赔上了自己的性命。

　　杜十娘活得太过理想化,她把人生活成了一场戏,她的喜怒悲哀都是戏台上的,饰以太多的浓墨重彩,足够热烈,足够动人。但是一旦接轨现实立即支离破碎。

而寇白门已经不再是当年那个娉娉袅袅、怀揣梦想的少女了。她活得足够贴地气，她把这世间万事看得太过透彻，所以，杜十娘的壮烈不属于她，理想破灭的惨烈也不属于她。她属于自己，属于她还未全然铺展开的恣意洒脱的人生。

　　她筑园亭，结宾客，每日与文人骚客相往还，酒喝多时，她或歌或哭，自叹美人之迟暮，感慨红豆之飘零，总之是醉生梦死，无日无之。甚至，她在恢复单身后又嫁了一次，想必这位扬州孝廉实在没有可圈可点之处，而这段婚姻也许是短暂相交无疾而终，所以我们看到的又是寇白门失意后的态度"不得意复还金陵"。秦淮河是她生命里割舍不断的牵系，河水潺潺容得下她将一腔的失落播撒，夜来枕水而眠，便可以安抚她几度破碎的心。

　　几度沉浮之后，寇白门也避无可避地老了。欢场的女子比寻常的女子更惧怕衰老，因为一经衰老侵蚀了她们曾经或妩媚或妖娆的面容，她们就再难逃却门前冷落车马稀的命运。

　　她开始希求用那些年轻的容颜、壮硕的肢体来麻痹忘却自己已经日渐枯萎的事实。就像鱼玄机遇到了陈韪。寇白门在她的众多裙下臣之中，选了一个韩姓的少年。

鱼玄机因为陈韪打死了绿翘最终赔上了自己的性命。寇白门倒不至于如此惨烈，她只是希望那个少年能将年轻的气息在她的身边多加款留。她拉着这个少年的手，希望他能与她同榻而眠，来安抚她病中脆弱的神经。

可是鱼玄机和寇白门都忽略了的是，来往于欢场的男人能有几多真心？寇白门的苦苦求索当然得不到那个少年的悲悯，他与她周旋片刻，便寻机脱身。好不容易寻个借口抽身而去，转而去和她的侍女调笑，声音还传入了寇白门的耳中。

若放在平时，也许这些纨绔子弟和她的侍女们也少不得瓜葛。而偏偏是此时，少年的薄情赤裸裸地羞辱嘲讽着她早已入土的青春和行将就木的生命。

顿时大怒的她唤来侍女，拿木棒捶打婢女数十下。又指着薄情寡义的韩姓少年大骂了一句"衣冠禽兽"。之后也许是气急攻心，寇白门就此病入膏肓，不久后便香消玉殒了。

寇白门是女侠仗剑执盾，为了自己在人间厮杀出一条血路。她的成功，在于她超然于与当时女性的清醒和果敢，令她敢于挣脱宿命的束缚，在命运里当一个弄潮儿。

人常说，命运。命和运其实可以拆解开来，运是主宰了人的一生沉浮的始作俑者。而命，是生来注定的，关乎出身、关乎背景无法更改的。不能说，法官的儿子就是法官，贼的儿子只能是贼。但用尽全身力气，也不能摆脱既定的命带来的狭隘，我们一般统称为悲剧。

所以说，晚景凄凉的寇白门的失败，归结起来可以称之为生不逢时。

# 顾太清：守得住清贫，耐得住寂寞

重要的不是你所处的环境，而是你的内心是否清明，你的初心是否仍旧不可动摇。如果我们改变不了世界，那么要改变的就只能是自己的心境。从心底生发出强大从容到令恶作剧的上帝都畏惧的力量！

1998 年，郭婉莹在上海去世。

这位生长于旧上海的郭氏名媛，曾经是燕京大学的理学学士，她有着和波提切利笔下贝壳里刚刚诞生的维纳斯那样的美丽。她是老上海开办时装沙龙的第一人。她也是动荡岁月里唯一一位穿着旗袍刷马桶、踩着皮鞋在菜市场里卖咸鸭蛋的旧时代贵族。

她晚年时，有外国记者问起她在那些劳改岁月，为何能好好地活下来，她优雅地挺直背："那些劳动，有助于我保持身材的苗条。"苦难多舛便这样轻描淡写地一笔带过，当苦难给予大部分人以摧残，总有少数的人将其雕琢得如钻石般璀璨。


顾太清就是少数人之一。


顾太清出身西林觉罗世家，祖父鄂昌为甘肃巡抚，是鄂尔泰的子侄系旁支。鄂尔泰是雍正乾隆两朝大学士又兼任军机大臣、领侍卫内大臣、议政大臣诸职，在其去世后，乾隆帝亲临丧所致祭，谥文端，配享太庙，入祀京师贤良祠。


受良好的世族家风影响，西林觉罗一族大都善于骑射，又是满腹才学。族中男女皆长于汉诗。在祖母的教育下，顾太清三四岁识字，六七岁时专攻诗词歌赋，填得一手好词。《名媛诗话》说她"才气横溢,援笔立成。待人诚信,无骄矜习气,唱和皆即席挥毫,不待铜钵声终,俱已脱稿"。

因自幼不缠足,时做男儿装束。顾太清的诗词也脱却了闺阁情态,信笔挥洒,直抒胸臆,不造作,无矫饰,宛如行云流水,纤豪不滞,多近东坡、稼轩风范。

如果不是鄂尔泰过世十一年后,胡中藻文字案打破了顾太清原本平静的生活。作为胡中藻文字案要犯鄂昌的孙女,顾太清体验到了人生中的切肤之痛。

事事思量竟有因,半生尝尽苦酸辛。望断雁行无定处,日暮,鹈鸰原上泪沾巾。

欲写愁怀心已醉,憔悴,昏昏不似少年身。恶梦醒来心更怕,窗下,花飞叶落总惊人。

——《定风波·恶梦》

正如曹公在借探春之口悠悠唱罢的一曲《分骨肉》——"自古穷通皆有定,离合岂无缘",当宿命不可违,内心强大的人往往生出不寻常的通透。磨砺人心和意志的从来不是苦难,而是一颗豁达的心,自苦难中迸发出的泰然和从容,足以抵御人生中风刀霜剑的苦苦相逼。

晚年时，回归了生活平静的郭婉莹接受记者采访时说："要不是我留在上海，我有的只是和去了美国的家里人一样，过完一个郭家小姐的生活。那样，我就不知道，我可以什么也不怕，我能对付所有别人不能想象的事。"

有人说"眼前的一切，就是最好的安排"。也许人生中的跌宕起伏已经注定，而遇见奕绘是顾太清得了上天授意。

此日天游阁里人，当年尝遍苦酸辛。定交犹记甲申春。
——爱新觉罗奕绘《浣溪沙·题天游阁》

定交犹记甲申春，尝尽了家变人情冷暖的顾太清，在十五岁那一年与爱新觉罗奕绘相识。

这一年是道光五年，她的才名并未因家族的寥落而削减。也因慕其才华，她以家庭教师的身份被聘入荣亲王府。

时为荣亲王府正牌继承人的爱新觉罗奕绘是乾隆的曾孙。祖父爱新觉罗永琪是乾隆第五子。通汉文经史，擅书法、算学，娴习满、汉、蒙三种语言。乾隆三十一年封为荣亲王，赐第太平湖。

同样是生长于学习气息浓郁的家族之中的奕绘，6 岁启蒙，12 岁能诗，通满汉文及算学，好《易经》，15 岁著《读易心解》一卷，深肖其祖父渊博。是清朝宗室中难得的诗人和学者。

正是出于对文化气息的传承，顾太清才得以入府为格格们教授读书作诗，相当于现在的家教。也正是这次难得的施展才华的机会，令她走进大清宗室贝勒的心，为原本晦暗的人生开辟了一条新的生路。

据金启孮所著《顾太清与海淀》一书所言，奕绘也曾辅导过格格们的课业。上天以这样的方式安排她与他的相识，没有迟一刻，也没有早一刻，在某一个清晨或黄昏，谁不经意的一抬眼、一垂眉撞乱了谁的心怀。仿若世间所有的苦都为了这一刻，即便默然相对，也足以说一句："噢，你也在这里吗。"

他怜惜她的命途多舛，因此作词浣溪沙来回应她的定风波，以此安慰她憔悴的情思。

时奕绘已有正妻，如果两人成婚，她只能屈居姜侍。即便如此他们的婚事还是遭到了奕绘母亲的强烈反对。罪臣之后的出身太过沉重，如康熙良妃，一生难以脱去"辛者库贱人"的阴影。奕绘作《病中感怀》说："衣冠判贵贱，礼乐拘今昔。穿墉雀生角，滕口蝇污壁。"权力倾轧的阴霾成了她避无可避的伤痛。

荣王府太福晋的强硬程度超过了他们的想象。顾太清连王府的教习也不能再安做。两人一年方能见上一面。


漫长的，无可期冀的守候往往是最考验感情的。能够相守，才有坚持的动力。而这感情的源动力屡屡遭受着非议、分离和阔别的风刀霜剑相逼，相守就变得千难万难。

之于太清，她与他共相携着"一生一世一双人"的绮梦，执手经历着漫长等待。相见十年前，相思十年后，十年，不是一首三分半长的歌曲能概括的沧桑。李太白诗中"此曲有意无人传"的寂寥，和寂寥之后的憔悴，稍微的思想失守，都保不齐在某年某月便在相会时，得知彼此各自嫁娶后唏嘘一场沧海桑田，留下一场遗憾。


她要坚守的不仅仅是和奕绘的爱情，更是那个不失本心，洁身自好的自己。

直到道光四年，两人的情感之路才迎来了曙光的转折。奕绘相思成疾，卧床不起。荣王府太福晋因怜子心切，最终妥协以侧室身份迎娶西林觉罗氏进门。两人旷世奇绝般的坚持，终于有了善终。

　　贝勒娶亲，正室要有皇帝诰封，侧室要上报宗人府。她是罪臣之后，不经过宗人府的审批二人依旧不能成婚。权衡再三，无奈之下，奕绘求助于王府二等护卫顾文星，冒充顾家女儿之名呈报。西林春改姓为"顾"，又比照奕绘的字与号，取字子春，号太清。载入皇家玉牒。

　　顾太清曾作《桃园记》以西池金母侍女与白鹤童子为借托，讲述两人一见钟情，私定终身。各自经历了数百年磨难和相思之苦，经观音点化终成眷属的一番传奇。

　　神仙眷侣难为，索性抛却天家身份，做一对凡俗夫妻。她抛却誉满京华的才女盛名，换来与他携手终老。两人十年不离不弃的爱情长跑，比任何一部言情小说都可歌可泣。

　　晏几道在《鹧鸪天》中说："今宵剩把银釭照，犹恐相逢是梦中。"诚如奕绘所言"旷劫因缘成眷属"，相守艰辛如斯，终于心愿得偿可以彼此拥有，即便是耳鬓厮磨也不为过了。可偏偏，即便是新婚燕尔，太清也半分不曾如李清照倚楼听雨、赌书泼茶的惬意闲适。

严歌苓在《陆犯焉识》里写祖母冯婉喻，碍着既是继母婆婆又是姑母的恩娘，和丈夫特务接头一样地去看电影，将丈夫漂洋过海带回来的，本来能做一件旗袍的亮丽布料要改成两件马甲，被恩娘为难得狠了，委屈得在厕所里呜呜咽咽地哭。而后却依旧拧着内八的小脚恭谨小心的打理自己既是内侄女又是继子儿媳的角色。

冯婉喻的委曲求全无非是为了陆焉识，期冀着自己多吃一点儿苦头，丈夫在家里会顺遂得多。而刚刚过门的顾太清又何尝不是如此，即使改换名姓依旧遭人非议的身世，违背了媒妁之言父母之命自由恋爱而成婚的背景，令她时刻不得安逸。

如《影梅庵忆语》中所言"服劳承旨，较婢妇有加无已"她只能用自己的恭敬谦卑，人前人后侍奉巾帚，烹茶剥果。于上恭敬有加，而御下慈爱有余。她用了整整四年光阴，才换来阖府上下对她的交口称赞。以此来洗脱在婆婆眼中，撺掇怂恿丈夫用手段逼迫婆婆以图上位的坏印象。

我的一个朋友对我说，她和丈夫的生长环境不同，生活上诸多习惯多不入婆婆青眼，却从未曾横生龃龉。朋友拎得清，尊重为本，适度退让。婆婆也好，媳妇也好，都是从爱的角度出发，最聪明的方式就是以爱的方式和解。

婆媳关系不过是婚姻关系纽带中客观存在的一环，而不是婚姻的主宰。驽钝的女人会因为婆媳关系而破裂了婚姻，而聪明的女人，会为了婚姻而将这环关系妥善打理。短暂的忍耐和幸福的长治久安相比，怎么都是值得的。


历经了人生的大起大落，顾太清懂得如何在婚姻的重重艰难险阻中示弱。适度的示弱，反而从细节里绽放出来自内心的安定从容。犹如一颗气定神闲的珍珠，不骄不躁，却格外令人珍视。

纵然当时的顾太清名气已经与纳兰容若比肩，然而在这段婚姻里，她心甘情愿地弱化了自我。在四年的婚姻生活中，奕绘从承袭贝勒加授散秩大臣、管理两翼宗学事务、授镶红旗总族长，事业一路平步青云。而太清在这期间为他诞育一子一女，一心一意地做他背后的贤妻良母。


而她的无私奉献也终于换来了回报。道光九年，钦派为东陵守护大臣的奕绘赴遵化上任，陪同他的只有身为侧室的顾太清和两人的幼子载钊。

坚守了十余年之后，顾太清人生中最绚烂的篇章，也就此而始。

　　花木自成蹊，春与人宜。清流荇藻荡参差。小鸟避人栖不
定，飞上杨枝。
　　归骑踏香泥，山影沉西。鸳鸯冲破碧烟飞。三十六双花样
好，同浴清溪。

　　这首词正是出自太清随奕绘外任期间。长风策马、河山共
赏。她清楚他能给她的有限，所以要的从来不多。笔墨丹青围
绕的不过是生活间二三琐事，却因为生活遂心遂意而莫不流露
出朴实的动人。

　　见过顾太清自绘的一幅听雪小照，月窗，雕栏，梅枝掩映
之下，业已 39 岁的她衣着素淡、容色平和，淡雅生姿。岁月
积淀成她身后平淡的底色，却不折不扣地将她衬托得光华动人。
无须刻意，不必张扬，她只静静立在那里，气质超然，高格自
然流露，端然而幸福。

　　诚如她牡丹扇上所题——
　　侬，淡扫花枝待好风。瑶台种，不作可怜红。

不似朱淑真啼血杜鹃独悲鸣，不似班婕妤秋扇见捐。才华没有令她的人生冷僻而突兀，反而满腹的才情将生活调配成温馨明快的颜色，较之一味执着于情路不知变通，因此而孤芳自赏的绝代佳人们，谁能说顾太清的人生不美好，不精彩？

她编写剧作《梅花引》。

文字间历历在目是她与奕绘十数年的相执相伴。道光四年成婚至道光十八年，两人相濡以沫十四年的婚姻，是她人生中最瑰丽的一段时光。然而幸福总是太过短暂，随着奕绘的溘然长逝而突然告终。独留太清做了荣亲王府四十岁的遗孀。

彼时奕绘的嫡妻妙华夫人已然仙逝九年，奕绘既未能将太清扶正，却也没有再蓄纳姬妾。一生一世一双人的过往，有多温情动人，于守着人去亭台空，桃花闲池阁的顾太清就有多哀伤落寞。

中年丧夫是人生之大不幸，然而她人生的磨难还不止于此。

丧夫三个月后，奕绘与嫡妻妙华夫人的长子载钧，将顾太清连同她亲生的两儿两女赶出府邸，四个子女中最大的载钊也才13岁，生逢大变又面临流离失所，若不是与奕绘昔年的深情和对四个年幼子女的责任，即便坚强从容如顾太清，也会生出几分弃世的念头。

毕竟有一双儿女待哺，无奈之下顾太清卖掉一只金钗购置了一所住宅供母子五人居住。

顾太清在诗中曾言："亡肉含冤谁代雪？牵萝补屋自应该。"

亡肉的典故来自《汉书》，一位婆婆因为夜里丢失了一块肉，便以为是儿媳所盗，将儿媳赶出家门。

《汉书》中被诬陷偷盗的儿媳尚且有邻人为之转圜挽回。而世事于顾太清太过凉薄，她无法消解继子及婆婆对她的不满和嫌恶。所以当谎言大行其道，反而会剥去真实的外衣。真相赤裸而令人难以接受，就有更多的人选择相信谎言。

于是，便有了那段著名的"丁香花公案"将龚自珍和顾太清生硬地牵扯到一处。

但凡女子，但凡多才，崔莺莺与张珙也好，卓文君与司马相如也好，凡女子多才便令人联想到离经叛道，不拘礼法。丧夫而独居的顾太清也未能在谣言中幸免，被一首无端的诗硬扣上一顶不贞的帽子，独自忍受着贫穷、孤苦、哀痛之外的鄙夷和非议。

这一年她不过四十余岁，得以在重重艰险之中独善其身，独自承担抚养教导膝下子女，载钧去世后，业已成人的幼子承袭爵位，顾太清才得以返回荣王府邸，安度她的晚年生活。

"悟到无生心自闲"，顾太清靠的正是苦难艰辛之中平淡超然的心态与这世间的苦难和解。顾太清与这个世界作别时，业已七十九岁，她用一生为青史留下一树独具的光华。

在太多人的眼里，女人总是脆弱的，有时甚至连女人自己也这样认为。《男人帮》中恋情出轨的莫小闵对顾小白说"你把我想得太坚强，太独立了。我也是个女人，我也需要被宠爱，被爱护的。"这是一句再平实不过的实话，没有女人不需要被呵护，而心灵和爱情的坚守，则意味着更多的时候要承受独自舔舐着伤口的痛楚。

也许是车水马龙而陌生的人群里，也许是一盏孤灯陪伴之下略显凄清的长夜。而那个期盼中能够陪伴在左右的人，此刻也许远隔千山万水，也许正伴着同样一盏的孤灯，守卫着也许会无疾而终的现在和未来。

这样的坚守不容易，要应对内心的孤独，要留神原本与你并肩作战的人对现实投降。异地恋也好，爱情长跑也罢，之所以令人感动，不在于时间的长短，距离的远近，而是那一份共同的关于初心的坚持，称得上伟大。

天长地久，白头偕老，说来容易，用一生去践行，哪那么简单。

坐在自行车后座上笑也好，坐在宝马车里哭也罢。重要的不是你所处的环境，而是你的内心是否清明，你的初心是否仍旧不可动摇。生活里从来不乏坐在自行车后座上哭和坐在宝马车里从容微笑的姑娘，如果我们改变不了世界，那么要改变的就只能是自己的心境。从心底生发出强大从容到令恶作剧的上帝都畏惧的力量！